Alle Altersstufen

Rudi Lütgeharm

Bewegte Schule

Lernen mit allen Sinnen

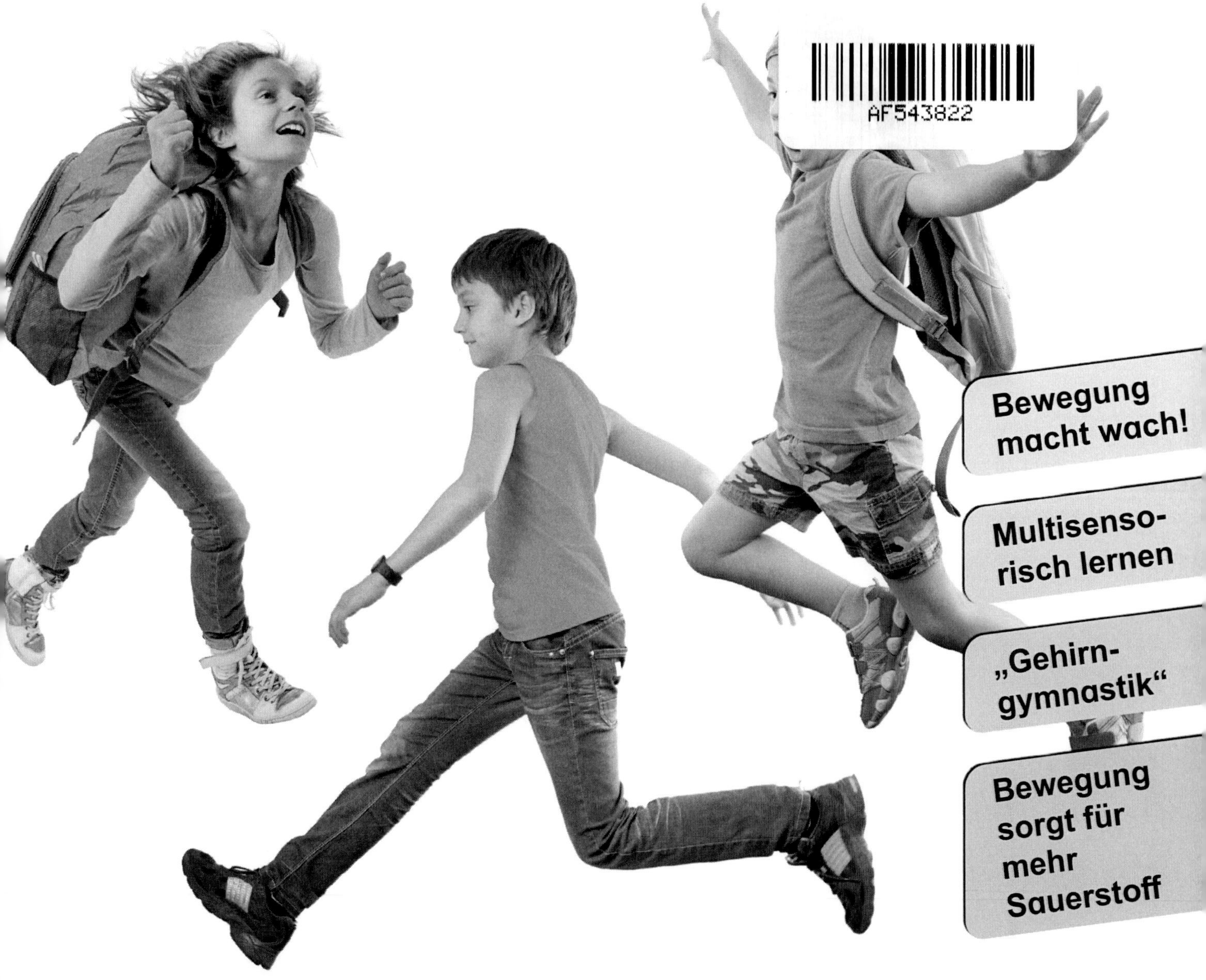

Bewegung macht wach!

Multisensorisch lernen

„Gehirngymnastik"

Bewegung sorgt für mehr Sauerstoff

Fächerübergreifende Lerninhalte mit Bewegung unterstützen & erschließen

Bewegte Schule

Lernen mit allen Sinnen

5. Auflage 2026

Inhalt: Rudi Lütgeharm
Umschlagbild: © Cherry-Merry - AdobeStock.com
Illustrationen: Scott Krausen
Redaktion: Kohl-Verlag
Grafik & Satz: Eva-Maria Noack / Kohl-Verlag
Druck: farbo prepress GmbH, Köln

Bestell-Nr. 12 427

ISBN: 978-3-96624-193-9

Bildquellen: © AdobeStock.com:

S. 5: Gorodenkoff, LIGHTFIED STUDIOS, WavebrakeMediaMicro; **S. 7**: Robert Kneschke; **S. 10**: tuastock (bearb); **S. 11**: JackF; **S. 17**: amlbox, contrastwerkstatt, rodjulian; **S. 18**: contrastwerkstatt, LIGHTFIED STUDIOS; **S. 19**: spaxiax, detailblick-foto; **S. 20**: macrovector; **S. 21**: Vasyl; **S. 22**: Good Studio; **S. 24**: Trueffelpix; **S. 25**: contrastwerkstatt; **S. 34**: contrastwerkstatt; **S. 36**: wavebreak3; **S. 37**: LIGHTFIED STUDIOS; **S. 38**: Syda Productions, penochka1; **S. 39**: schwabenblitz, ii-graphics (4x), Pascale Gueret, hkuchera, Naturecolors, Klaus Brauner; **S. 40**: Syda Productions, aekkorn (2x), penochka1; **S. 41**: Photographee.eu (2x), Daniel Ernst; **S. 42**: Christian Schwier; **S. 60**: Antonioguillem, Pascale Gueret, marinavorona, Ilkka, matamu, lantapix; **S. 61**: schwabenblitz, ii-graphics (2x); **S. 62**: K.-P. Adler, Mandy

Kontakt: Kohl-Verlag, An der Brennerei 37-45, 50170 Kerpen
Tel: +49 2275 331610, Mail: info@kohlverlag.de

Inhalt

1 Vorwort / Einführung

Bewegungstraining nützt eigentlich dem Gehirn und nicht dem Körper.
Es wirkt sich auf Stimmungen, Vitalität, Wachheit und Wohlbefinden aus.
Dr. John J. Ratey (Harvard Medical School)

Dieses Buch beschäftigt sich damit, wie man günstige Bedingungen zum Lernen und kreativen Denken schaffen und außerdem den Bedürfnissen der Kinder/Jugendlichen nach Bewegung gerecht werden kann.

Sinneserfahrungen und Bewegung sind Teil eines ganzheitlichen Bildungs- und Lernverständnisses. Ganzheitliches Lernen verbindet kognitives, emotionales, soziales, praxisorientiertes und sensomotorisches Lernen.[1]

„Immer kommt das ganze Kind zur Schule und nicht nur der Kopf."

Die Schule hat einen ganzheitlichen Bildungsauftrag, der kognitive, emotionale und soziale Bereiche gleichermaßen umfasst und am Wesen des Kindes orientiert ist.

Jungen und Mädchen lernen nicht nur über visuelles und auditives Aufnehmen (nicht nur über das Sehen und Hören) und kopfbestimmtes Bewältigen von Aufgaben, sondern ganz besonders **durch körperlich-sinnliche und handlungsorientierte Erfahrungsmöglichkeiten**.

__Beispiel__: **Unterschiedliche Bälle nach Größe sortieren.**
Anschließend ins Heft schreiben (kleinster Ball zuerst ...)

Jegliches Lernen in der Schule (insbesondere in der Grundschule) ist ein ganzheitlicher Prozess, **an dem Bewegung und Wahrnehmung** in hohem Maße beteiligt sind. Durch einen den Bedürfnissen der Kinder und Jugendlichen entsprechenden bewegungsintensiven Schultag können Defizite im motorischen, psychischen und sozialen Bereich ausgeglichen beziehungsweise kann ihnen vorgebeugt werden.

__Beispiel__: **Einen rechten Winkel mit dem rechten Arm bilden.**
Anschließend rechten Winkel ins Heft zeichnen.

Bewegung, Spiel und Sport sind elementare und unverzichtbare Bestandteile einer ganzheitlichen kindlichen Entwicklung. Sie können in vielfältiger Weise die sprachliche , körperliche, emotionale und intellektuelle Entwicklung positiv beeinflussen; sie fördern gleichermaßen die motorischen wie auch die kognitiven und sozialen Kompetenzen von Kindern und Jugendlichen.[2]

Hinweis: Mit Schülern bzw. Lehrern sind im ganzen Heft selbstverständlich auch die Schülerinnen und Lehrerinnen gemeint!

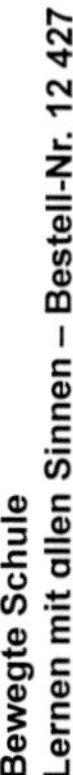

---

[1] G. Brägger/H. Hundeloh/N. Posse/H. Städtler, *Bewegung und Lernen*, S. 112.

[2] Erklärung der KMK der Länder in der Bundesrepublik Deutschland zur Qualitätssicherung des Sportunterrichts im Primarbereich, Beschluss vom 16.04.2009.

1 Vorwort / Einführung

Lehrkräfte müssen wissen, dass die ihnen anvertrauten Jungen und Mädchen einen „bewegten Schultag/Unterricht“ für ihr persönliches Wohlbefinden brauchen. Die meisten von uns haben das schon selbst erfahren – körperliche Aktivität/Bewegung „tut gut“ und man fühlt sich danach meistens „besser“!

Die Rhythmisierung eines Schultags mit Phasen der geistigen und körperlichen Beanspruchung wird sich positiv auf die Leistungsfähigkeit der Jungen und Mädchen und auf die gesamte Schulatmosphäre auswirken.

Bewegung ist über den Sportunterricht und die Pausen hinaus auch im Unterricht möglich und sinnvoll, weil es interessanter ist und man mehr behält, wenn „multisensorisch“ gelernt wird. D.h.: Insbesondere die Basissinne (Haut-, Bewegungs- und Gleichgewichtssinn) werden als zusätzliche Informationszugänge beim Lernen und Üben genutzt.

Nicht zu vergessen: So wie Schülerinnen und Schüler Tag für Tag „Schule erleben“, so leben sie häufig später auch selbst.

In diesem Buch wird mit viel Praxis veranschaulicht, wie neue Erkenntnisse der Bedeutung von Bewegung und effektivem Lernen auf der praktikablen Ebene des „alltäglichen Schulbetriebes“ umgesetzt werden können, um den Lehrkräften vor Ort Hilfen zum Wohle ihrer Schüler und Schülerinnen „an die Hand“ zu geben.

Viel Spaß und Freude bei der Umsetzung der Anregungen und Ideen wünschen Ihnen der Kohl-Verlag und

Rudi Lütgeharm

immer öfter „so“

2 Veränderte Kindheit: vom Schwinden der Sinne

Schon seit einiger Zeit häufen sich die alarmierenden Meldungen über den Bewegungsmangel und die schlechte körperliche Fitness der Kinder und Jugendlichen. Der Alltag unserer Kinder ist heute häufig durch körperliche Inaktivität und „passives Konsumieren" gekennzeichnet: „Selbst etwas tun" bzw. „sich selbst bewegen" treten in den Hintergrund.

Mit dem „Schwinden der Sinne"[1] versucht eine Grundschullehrerin die veränderten sensorischen und motorischen Fähigkeiten ihrer Schülerinnen und Schüler zu beschreiben: „Sie können nicht mehr balancieren, rückwärts laufen oder die Linienführung beim Schreibenlernen feinmotorisch nachvollziehen!"

Im Alltag gehen die Möglichkeiten körperlich-sinnlichen Erfahrens immer mehr zurück ...

→ Türen öffnen sich automatisch, wenn man vor sie tritt;
→ das Wasser fließt, wenn man dem Wasserhahn nahe kommt;
→ das Licht geht an, wenn man einen Raum betritt usw.

Aus der Knopfdruckgesellschaft ist inzwischen eine Sensor-Tasten-Gesellschaft geworden.[2]

Kinder sehen und hören nur noch

So besteht auch schon bei Kindern die Gefahr, dass sich ihre sinnliche Wahrnehmung vorwiegend auf das Sehen und Hören reduziert – in der Schule wird diese Reduktion meistens noch verstärkt. Bei vielen Kindern und Jugendlichen wird nur die visuelle und auditive Wahrnehmung angesprochen. Sie sehen und hören nur noch, anstatt zu fühlen oder zu betasten und damit im wahrsten Sinne des Wortes zu „**be-greifen**".

Damit sich „die Sinne" bei den Kindern entwickeln können, brauchen sie Anregungen und Training, sonst unterliegt man der Gefahr, dass die Sinne aus der Übung kommen.

Heute fehlen den Kindern meistens grundlegende Bewegungserfahrungen, die man in der aktiven Anwendung mit den sog. Grundtätigkeiten wie gehen, laufen, balancieren, hüpfen, springen, steigen, klettern, rollen, wälzen, stützen, hängen, schwingen, werfen, fangen, ziehen, schieben ... erfährt, die zu einem wichtigen „Bewegungsschatz" abgespeichert werden und in ähnlichen Situationen abgerufen werden können.

Immer sind diese Erfahrungen an Sinnesempfindungen im taktil-kinästhetischen, vestibulären, auditiven und optischen Bereich gekoppelt.

---

[1] So der gleichnamige Titel eines Films von Reinhard Kahl aus der Reihe: *Kindheit heute*, ausgestrahlt im NDR 1992.

[2] Klaus Bös/Nadja Schott, *Kinder brauchen Bewegung – leben mit Turnen, Sport und Spiel.*

KOHL VERLAG
Bewegte Schule
Lernen mit allen Sinnen – Bestell-Nr. 12 427

2 Veränderte Kindheit: vom Schwinden der Sinne

2.1 Basissinne und sensorische Nahrung

Man bezeichnet die taktile, kinästhetische und vestibuläre Wahrnehmung auch als Basissinne, weil sich zuerst die Sinne entwickeln, die uns Informationen über unseren eigenen Körper und seine Beziehungen bzw. Kontakte zur Umwelt ermöglichen. Erst danach folgen die Sinne, die uns Informationen über körperferne Dinge ermöglichen wie das Hören und Sehen (körperferne Sinne).

taktil-kinästhetische Wahrnehmung

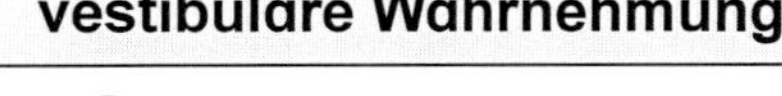
vestibuläre Wahrnehmung

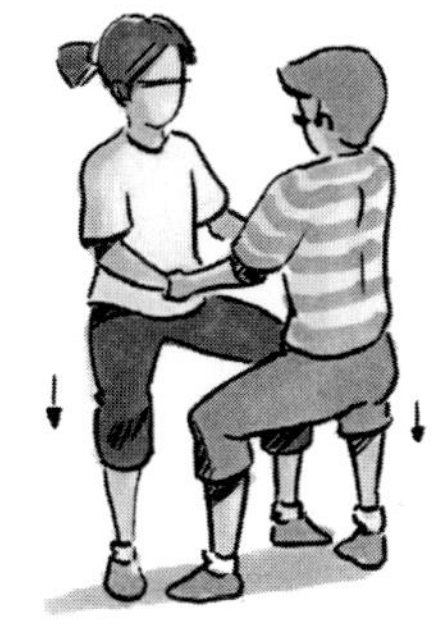

Oberfläche fühlen, Druck spüren und wahrnehmen

Gelenkveränderungen und Muskelspannung fühlen/wahrnehmen

Im Gleichgewicht bleiben: Muskelanspannung spüren und Schwankungen ausgleichen

Sensorische Nahrung
Eine stabile und umfangreiche Entwicklung dieser Basissinne durch möglichst vielfältige Bewegungsaktivitäten kann man als „sensorische Nahrung“ verstehen.
Wenn ein Kind vielfältige Bewegungserfahrungen im Umgang mit Bällen macht oder

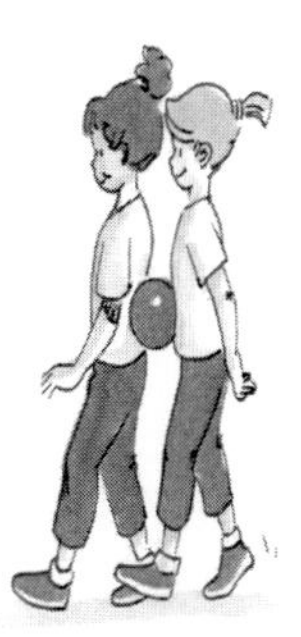

über einen Baumstamm balanciert, über einen Graben springt, an einer Treppe hinauf und wieder herunter läuft, um einen Baum läuft oder an einer Stange sich mit beiden Armen hochzieht …,

werden komplexe Anpassungsreaktionen in Gang gesetzt. Das Gehirn erhält „sensorische Nahrung“ und damit die Chance, sich weiter zu entwickeln. Besonders wichtig hierbei sind handlungsorientierte und selbstbestimmte Auseinandersetzungen mit alltäglichen Gegenständen und Materialien. *Versuchen, ausprobieren, verändern und variieren* stehen dabei im Vordergrund.

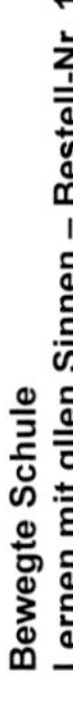

3 Bewegung ist Nahrung für das Gehirn

Man muss sich das in etwa so vorstellen: Obwohl unser Gehirn nur ca. 2,5% des Gesamtkörpergewichts ausmacht, benötigt es im körperlichen Ruhezustand ca. 25% des gesamten Sauerstoffvolumens.

> Wenn also die Lernbereitschaft – die Aufmerksamkeit der Schülerinnen und Schüler erhalten werden soll, muss für eine ausreichende (gute) Sauerstoffversorgung gesorgt werden. Die Sauerstoffversorgung des Gehirns wiederum kann schon durch geringe körperliche Aktivitäten verbessert werden.

Im Folgenden Auszüge aus dem Beitrag von B. Fischer, B. Dickreiter, H. Moosman, *Bewegung und geistige Leistungsfähigkeit – Was ist gesichert*, in: Bewegte Schule – Gesunde Schule, IFB 1997.

Bewegung steigert die Hirndurchblutung
25 Watt körperliche Belastung wie das Federn auf einem Sitzball erhöhen die Hirndurchblutung um 13,5%.
Zum Vergleich: Ein langsamer Spaziergang (25 Watt) erhöht die Hirndurchblutung insgesamt um 15%.

Beispiel:
Im Klassenraum hinter dem Stuhl stehend mit beiden Händen in leichter Vorlage am Stuhl festhalten: Zweimal auf der Stelle hüpfen, dann zweimal in den Grätschstand hüpfen und danach wieder zweimal auf der Stelle hüpfen usw.

Die Bedeutung der gesteigerten Durchblutung liegt bei Kindern vor allem in einer besseren Verteilung der neurotrophen Faktoren.[1] Prof. B. Fischer und Dr. S. Lehrl konnten unter einer Belastung von 25 Watt eine Verbesserung des Kurzzeitspeichers und eine erhöhte Lernfähigkeit nachweisen.

Bewegung erhält die Nervenzellen
Prof. W. Hollmann beziffert die Anzahl der Nervenzellen im Gehirn bei der Geburt auf ca. 200 Milliarden. Bis etwa zum 8.-10. Lebensjahr werden ca. 60 bis 80 Milliarden Nervenzellen, die nicht verschaltet worden sind, wieder abgebaut. Das bedeutet: Je mehr Nervenzellen im kindlichen Gehirn vernetzt werden, desto mehr überleben. Kinder spüren diesen „natürlichen Drang“ sich bewegen zu müssen, um möglichst viele Nervenzellen zu verschalten und am Leben zu erhalten. In natürlicher Weise wird so gewährleistet, dass die in der Kindheit etwa durch das Prellen eines Balles aufgebauten neuronalen Verbände im späteren Leben zum Teil für geistige Aufgaben in der Schule und im Beruf genutzt werden können.

[1] Sie sind für den Auf- und Abbau von neuronalen Netzen verantwortlich und beeinflussen somit die Gedächtnisbildung. Neuronen im Gehirn konkurrieren um neurotrophe Faktoren: Für das Knüpfen von synaptischen Verbindungen benötigen Neuronen eine bestimmte Menge an Neurotrophinen.

3 Bewegung ist Nahrung für das Gehirn

Bewegung macht wach!

Bewegung in jeder Form macht die Schüler und Schülerinnen wieder munter und sorgt dafür, dass wieder Aufmerksamkeit möglich ist. Fingerspiele oder Balancierübungen wirken „erfrischend". Komplexe Bewegungen wirken auch stressmildernd, erhöhen die Stresstoleranz und beschleunigen den Stressabbau.

Beispiele:

→ Einbeinstand auf dem linken Fuß, das andere Knie fast bis zur Waagerechten anheben. Nun die rechte Hand auf den Kopf und die linke Hand auf den Oberschenkel legen. Dabei immer im Gleichgewicht bleiben. Anschließend in die Grundstellung zurückkommen und gegengleich üben.

→ Der Reihe nach mit den Fingern der rechten Hand gegen den Daumen der linken Hand tippen. Danach ebenso mit den Fingern der linken Hand üben.

Komplexe Bewegungen aktivieren Hirnbezirke

Durch moderne bildgebende Verfahren konnte nachgewiesen werden, dass selbst kleine Bewegungen vielfältige Areale im Gehirn aktivieren. Dies ist nicht verwunderlich, da bei jeglicher Form von Bewegung praktisch immer alle Sinnesorgane wie das taktil-kinästhetische Sinnessystem, das visuelle System, das Gleichgewichtssystem und das auditive System beteiligt sind.[2] Mit einfachen Übungen zwischendurch kann man die wünschenswerten Ziele erreichen und damit die Voraussetzungen für das Lernen verbessern.

Beispiele:

→ Eine mit Kreide aufgezeichnete oder mit Seilen ausgelegte „8" nachgehen.

→ Im Stand eine liegende „∞" in die Luft zeichnen.

→ Hüpfen mit geschlossenen Füßen auf der Stelle, danach die Beine im Wechsel grätschen und überkreuzen.

Es ist heute unbestritten, dass ein ausreichendes Maß an Bewegung eine wichtige Voraussetzung für die körperliche und geistige Entwicklung von Kindern darstellt.

Das Lernen im Unterricht kann durch das Einfügen von Bewegungsaktivitäten nachhaltig unterstützt und gefördert werden.

[2] B. Dickreiter, *Die Bewegung und das Gehirn*, in: Bewegung und Sport im Lebensraum Schule, S.85.

4 Lernen und Schulerfolg durch Bewegung fördern

Häufig wird das Denken/Überlegen als eine Art körperloser Prozess betrachtet, als hätte der Körper nur die Aufgabe, das Gehirn von einer Stelle zur anderen zu bringen, damit es seine wichtige Aufgabe des Denkens erfüllen kann.

Die meisten Menschen wissen und fühlen, dass körperliche Aktivität/Bewegung „gut tut" und dass man sich danach „besser fühlt", viele haben aber keine Ahnung davon oder stellen bestenfalls Vermutungen darüber an, warum das so ist.

Natürlich ist es sinnvoll, wenn man etwas für die Kräftigung der Muskulatur und für die Konditionierung des Herzens/der Lunge tut, aber der eigentliche Grund, warum man sich so „gut fühlt", wenn wir unser Herz-Kreislauf-System in Schwung bringen, ist, dass das Gehirn dann am besten funktioniert.

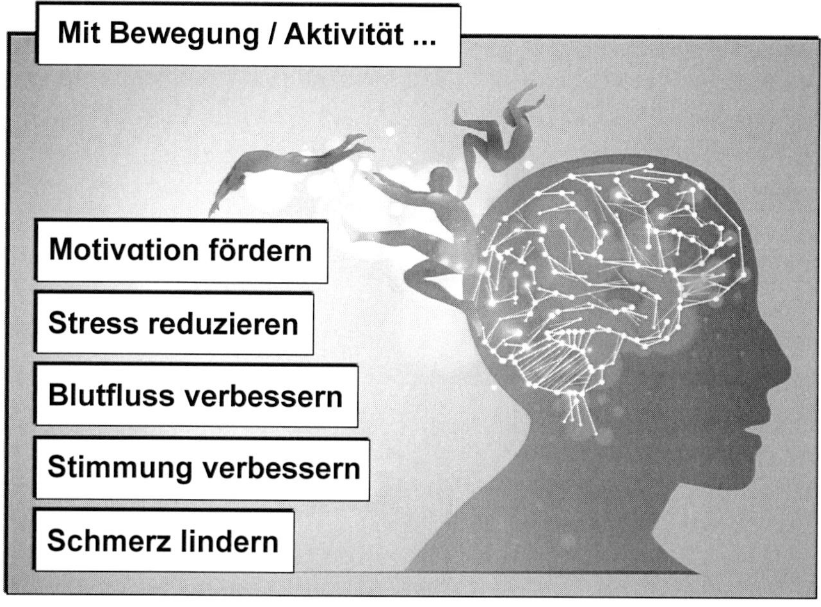

Es ist bekannt, dass körperliche Aktivitäten – Bewegung – den Serotonin-[1], Noradrenalin- und Dopaminspiegel[2] erhöhen, wichtige Neurotransmitter[3], die bei unseren Gedanken und Gefühlen eine wichtige Rolle spielen.

Das Gehirn reagiert im Grunde genau wie Muskeln: Sie wachsen durch Beanspruchung und schwinden durch Bewegungsarmut. Die Neuronen im Gehirn sind durch Blätter an baumähnlichen Verästelungen miteinander verbunden – körperliche Aktivität/Bewegung sorgt dafür, dass diese Verästelungen wachsen ... Dadurch wird die Gehirnfunktion grundlegend verbessert (nach Dr. John Ratey/ Eric Hagerman, Superfaktor Bewegung).

Damit jeder einzelne Schüler entsprechend seiner individuellen Voraussetzungen in der Schule gefordert und gefördert werden kann, müssen sich die Institution Schule und insbesondere die Lehrkräfte vor Ort darüber Gedanken machen und den Schulalltag so gestalten, dass sich die Kinder und Jugendlichen in der Schule wohl fühlen und deren Gehirn leistungsfähig ist, um günstige Voraussetzungen für das alltägliche Lernen/Üben zu schaffen.

[1] **Serotonin** ist als *Wohlfühlhormon* bekannt, denn es wirkt nicht nur stimmungsaufhellend, sondern dämpft die Stressantwort des Körpers ab. Es wirkt u.a. entspannend; antidepressiv; schlaffördernd; schmerzhemmend und motivationsfördernd.

[2] **Dopamin** dient im Gehirn der Kommunikation der Nervenzellen untereinander, ist also ein Nervenbotenstoff (Neurotransmitter). In bestimmten *Schaltkreisen* vermittelt er dabei positive Gefühlserlebnisse (*Belohnungseffekt*), weswegen er – so wie auch Serotonin – als Glückshormon gilt.

[3] **Neurotransmitter**, auch kurz Transmitter genannt, sind Botenstoffe, die an chemischen Synapsen die Erregung von einer Nervenzelle auf andere Zellen übertragen.

4 Lernen und Schulerfolg durch Bewegung fördern

Das gelingt sicher nicht, wenn der ganz normale Unterricht stundenlang im statischen Sitzen ohne Bewegung und nur über zwei Sinne (Sehen und Hören) erfolgt – NEIN, das gelingt nur, wenn ein rhythmisierter Schultag mit Bewegungspausen, bewegtem Sitzen (Unterbrechung und Veränderung der Sitzposition) und Lernen mit und durch Bewegung in allen Fächern durchgeführt wird.

Haben Sie nicht auch schon einmal vor einem Problem gestanden, das sich trotz intensiver Bemühungen am Schreibtisch nicht lösen ließ? Entnervt gibt man auf und macht einen Spaziergang mit dem Hund oder joggt eine Runde.

Unterwegs denkt man so nebenbei noch einmal an das Problem und erstaunlicherweise stellen sich nun Lösungen ein. Dieses einfache Beispiel macht uns die Bedeutung von Bewegung für die Denkleistung deutlich.

Im Grunde nichts Neues –
mit Bewegung besser lernen!

Im Grunde sind diese Erkenntnisse nichts Neues. Schon vor 2000 Jahren haben Aristoteles und seine Schüler, die Peripatetiker (*Umherwandler*), durch Bewegung in den Wandelhallen gelernt und sich ausgetauscht. Goethe und andere Gelehrte arbeiteten früher häufig an Stehpulten und gingen beim Nachdenken auf und ab.

Neurowissenschaftliche Untersuchungen belegen, dass Bewegung und körperliche Fitness positive Auswirkungen unter anderem auf die Aufmerksamkeit und Gedächtnisleistung haben. Bereits im Kindergartenalter zeigt sich, dass Kinder mit höherer motorischer Leistungsfähigkeit in den Bereichen Kraft, Schnelligkeit, Beweglichkeit und Koordination auch bessere kognitive Grundfunktionen aufweisen als körperlich weniger leistungsstarke Kinder. Während der Kindheit erfolgt die Bildung und Vernetzung von Nervenzellen besonders schnell. Um synaptische Verbindungen (Verbindungsstellen zwischen den Nervenzellen) herzustellen bzw. aufrecht zu erhalten, sollten Kindern im Kindergarten und natürlich in der Schule tägliche Bewegungszeiten ermöglicht werden.[4]

Ähnliches lässt sich auch im Klassenzimmer leicht umsetzen.

<u>Beispiele</u>:

- → Lassen Sie die Kinder beim stillen Lesen mit dem Buch in der Hand umherwandeln.
- → Das vorlesende Kind steht auf und hält das Buch in der Hand.
- → Laufdiktate einsetzen.
- → Wer die Matheaufgabe gelöst hat, steht auf und stellt sich hinter seinen Stuhl.
- → Wer eine Frage hat, steht auf.
- → Kopierte Arbeitsblätter an verschiedenen Stellen im Klassenraum auslegen, sodass sich die Schüler die Arbeitsblätter selbst holen müssen.

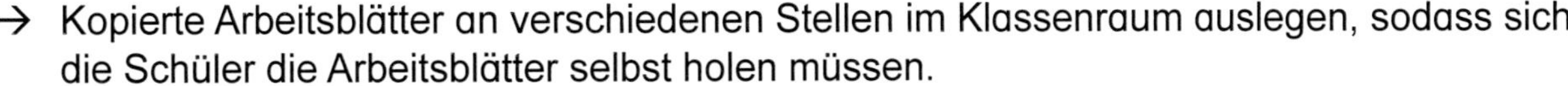

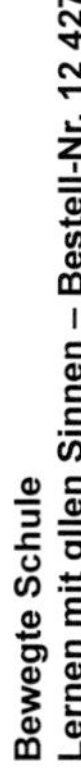

4 Prof. Dr. Dr. Manfred Spitzer und Dr. Sabine Kubesch, *Lernprozesse durch Bewegung fördern*, in: Voll in Form: Leitfaden für die Grundschulen, Bayerisches Staatsministerium für Unterricht und Kultus.

4 Lernen und Schulerfolg durch Bewegung fördern

4.1 Hinter jedem Buchstaben, jeder Zahl steht Bewegung

Wir brauchen Bewegungen, um unsere Gedanken zu ankern und die Fähigkeiten auszubilden, mit denen wir unser Leben lang unser Wissen und unsere Erkenntnisse zum Ausdruck bringen. Wie abstrakt unser Denken auch scheinen mag, es kann nur durch den Einsatz unserer Muskeln offenbar werden – durch Sprechen, Schreiben, Musizieren, Rechnen und so weiter. Unser Körper redet, fokussiert beim Lesen die Augen auf die Seite, hält beim Schreiben den Stift und spielt die Musik … [5]

Hinter jeder Zahl, jedem Buchstaben steht Bewegung, sie haben eine Form, die über die Muskulatur gesteuert/gespürt und im Gehirn verankert wird, damit sie später wieder abgerufen und in der Schreibbewegung wiederholt werden kann.

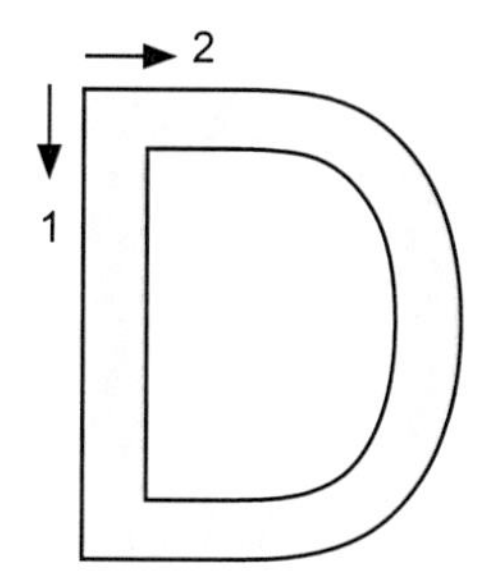

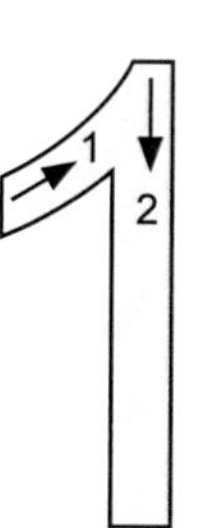

Mit Hilfe der taktil-kinästhetischen Wahrnehmung wird die Buchstabengestalt im Bewegungsgedächtnis (motorischen Gedächtnis) gespeichert und kann wieder abgerufen werden.

Durch Bewegung werden neuronale Netzwerke mit Bewegungsmustern entwickelt und geschaffen, auf die man zurückgreifen kann! Es wird eine Art *Enzyklopädie der Aktionen* geschaffen.[6]

Nachspüren in Druckschrift …

Beim *Nachspüren* eines Buchstabens oder einer Zahl sind beim Kind der Sehsinn (visuelle Wahrnehmung), der Tastsinn (taktile Wahrnehmung), der Bewegungssinn (kinästhetische Wahrnehmung) und der Gleichgewichtssinn (vestibuläre Wahrnehmung) mit unterschiedlichen Anteilen beteiligt.

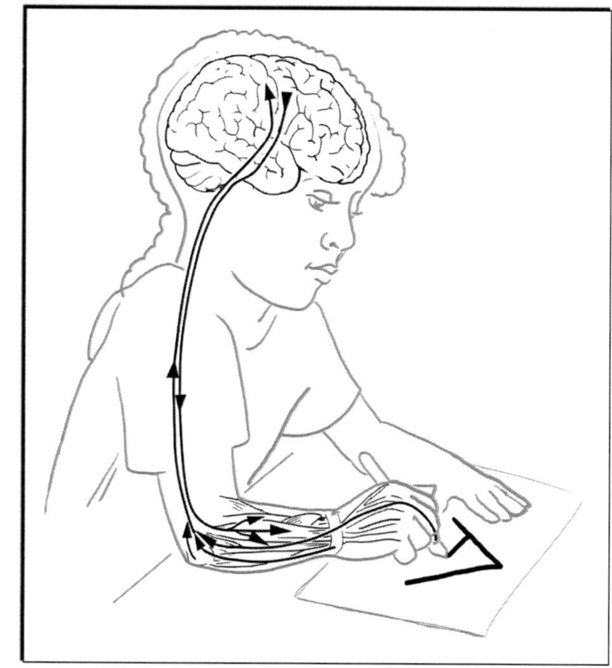

Die kinästhetische Wahrnehmung liefert dem Gehirn Informationen über den *Krafteinsatz* der Muskulatur (Einsatz des Stiftes), über die *Richtung* und *Geschwindigkeit* der Bewegung (Schreibbewegung) und über die *Stellung* der einzelnen Glieder zueinander (Finger-, Hand- und Armgelenke usw.). Sie sorgt dafür, dass Buchstaben- und Zahlengestalten (Formen) flüssig ausgeführt, gespeichert und wieder abgerufen werden können.

[5] C.Hannaford, *Bewegung das Tor zum Lernen*, S.11.

[6] C.Hannaford, *Bewegung das Tor zum Lernen*, S. 143.

4 Lernen und Schulerfolg durch Bewegung fördern

Flüssiges und formgerechtes Schreiben gelingt letztlich nur dann, wenn die Auge-Hand-Koordination gelingt und aufeinander abgestimmt ist, d.h.:

- Die Augen verfolgen (kontrollieren) die Bewegung der Hand (die Führung des Stiftes). Auge- und Handbewegung müssen koordiniert werden – der Sehsinn, der Tastsinn und der Bewegungssinn arbeiten sinnvoll miteinander.
- Die kinästhetische Wahrnehmung ermöglicht die Stellung und korrekte Haltung von Hand, Arm, Rumpf und Auge zum Heft und zur Bewegungsrichtung.
- Gemeinsam mit der taktilen Wahrnehmung wird die Kraftdosierung und die Druckempfindlichkeit der Stifthaltung und des Schreibens kontrolliert.

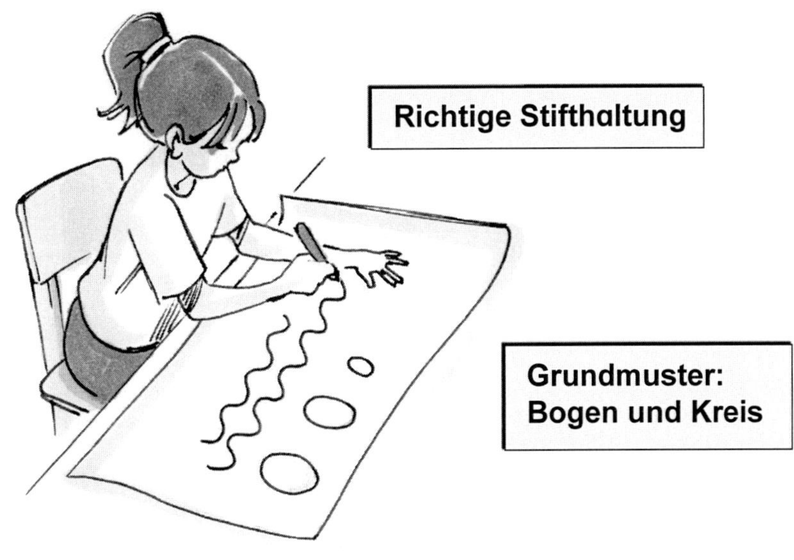

4.2 Multisensorisch lernen

In der Regel vollzieht sich Lernen im schulischen Alltag nur über das Sehen und Hören; z.B. sieht das Kind an der Tafel den geschriebenen Buchstaben, das geschriebene Wort oder es hört den entsprechenden Laut oder Silben. Die Informationsaufnahme beschränkt sich also meistens auf zwei Sinne. Probleme tauchen oft erst dann auf, wenn ein von der Tafel abgelesenes Wort oder abgelesener Satz anschließend mit der entsprechenden Feinmotorik schriftlich in das Heft übertragen werden muss und dabei andere Sinne beansprucht werden.

Jeder Mensch (jedes Kind) verfügt insgesamt über 7 Sinne

Sehsinn	visuelle Wahrnehmung
Hörsinn	auditive Wahrnehmung
Geruchssinn	olfaktorische Wahrnehmung
Geschmackssinn	gustatorische Wahrnehmung
Hautsinn	*taktile Wahrnehmung*
Bewegungssinn	*kinästhetische Wahrnehmung*
Gleichgewichtssinn	*vestibuläre Wahrnehmung*

Damit ein Sinnessystem funktionieren kann, müssen zunächst einmal Reize aufgenommen werden. Diese Aufnahme erfolgt durch sog. Rezeptoren (Nervenenden).

Diese Reize werden auf den sog. hinführenden (afferenten) Nervenbahnen zum Gehirn weitergeleitet, dort findet dann die eigentliche Verarbeitung statt.

Bewegte Schule
Lernen mit allen Sinnen – Bestell-Nr. 12 427
KOHL VERLAG

4 Lernen und Schulerfolg durch Bewegung fördern

Wenn man daran denkt, mehr Bewegung in den Schulalltag zu bringen, so muss multisensorisch geübt und gearbeitet werden; d.h. insbesondere die sog. Basissinne (Haut-, Bewegungs- und Gleichgewichtssinn) werden als zusätzliche Informationszugänge beim Lernen und Üben genutzt, damit beim Kind mehr hängen bleibt, d.h. behalten wird.

Basissinne – kurz erklärt

• **Hautsinn** – die taktile Wahrnehmung –
reagiert auf Berührung, Druck, Wärme, Kälte, Schmerz und vermittelt Informationen über die Oberflächenbeschaffenheit, Größe und Form von Objekten.

Beispiele:

→ mit eine Hand und/oder mit beiden Händen einen Tennis- oder Gymnastikball umfassen und dabei die unterschiedliche Oberfläche fühlen;

→ beim Schreiben mit der rechten Hand fixiert die linke Hand das Blatt / das Heft und fühlt dabei die glatte Oberfläche.

• **Bewegungssinn** – die kinästhetische Wahrnehmung –
reagiert auf Muskelspannung, Sehnen- und Gelenkveränderungen und vermittelt Informationen über die Stellung der Körperteile zueinander und lässt Bewegung *fühlbar* werden. So erhält man eine Vorstellung über alle eigenen Teilbewegungen durch die Gelenkstellungen, Hand-, Arm- und Beinhaltungen beim Inline skaten, Fahrradfahren und Schreiben usw.

Beispiele:

→ mit gefassten Händen eine Sonne, eine Wolke, einen Baum oder auch ein Haus *in die Luft zeichnen*;

→ einen auf dem Boden liegenden Ball mit dem Stab zum Springen bringen und ihn dann weiter prellen, dabei Krafteinsatz und Tempo anpassen;

→ die Hände aneinanderlegen und anschließend Druck auf die Hände des Partners ausüben. Den Druck einen Moment halten, dann lösen und dann erneut Druck ausüben.

• **Gleichgewichtssinn** – die vestibuläre Wahrnehmung –
reagiert auf Lage- und Haltungsveränderungen, Bewegungen und Lage des Körpers im Raum, ermöglicht Positionssicherheit und ein allgemeines Gleichgewichtsempfinden und vermittelt Informationen über die Körperhaltung bei unterschiedlichen Bewegungsabläufen.

4 Lernen und Schulerfolg durch Bewegung fördern

Beispiele:

→ über eine Linie im Scherenschritt gehen, ohne dabei das Gleichgewicht zu verlieren;

→ im Stand in den hohen Ballenstand gehen und dabei die Hände mit gehaltenem Flechtgriff in die Hochhalte bringen, ohne dabei das Gleichgewicht zu verlieren.

Man sollte immer daran denken, dass das Kind – ganz gleich ob es über eine schmale Mauer balanciert, einen Ball fängt oder den Stift zum Schreiben eines Wortes mit dosiertem Krafteinsatz über das Papier führt - immer auf eine funktionierende Wahrnehmung und vielfältige Bewegungserfahrungen angewiesen ist.

Es gilt heute als unbestritten und ist nachweisbar:

Je mehr unterschiedliche ***Gehirn-Areale*** beim Lernen aktiviert werden,

- desto größer ist die dabei entstehende ***Vernetzung*** der Gehirnnerven,
- desto intensiver ist die ***Speicherung*** der betreffenden Informationen,
- desto leichter können diese ***Informationen*** abgerufen werden.

Diese neurobiologischen Feststellungen bestätigen die traditionelle Empfehlung: Beim Lernen möglichst viele Sinne einsetzen (*multisensorisches Lernen*).

4.3 Bewegung verankert Gedanken und Gelerntes

Im sprechenden und handelnden Vollzug sind beim Lernprozess automatisch motorische Zentren beteiligt, die für besseres und nachhaltiges Lernen sorgen. Die Wirkung durch Auf- und Abgehen beim Einprägen neuer Vokabeln oder kreative Impulse durch Spazierengehen machen deutlich, dass die Beteiligung motorischer Zentren des Gehirns offensichtlich eine wesentliche Rolle bei Verarbeitungs-, Lern- und Erinnerungsvorgängen spielt.

In der Kombination mit einfachen Tätigkeiten wie Finger bewegen, mit dem Fuß wippen, sprechen, kritzeln, spazieren gehen, joggen, Rad fahren, bügeln ... können wir besser lernen und besser (mehr) behalten.

Unter Einsatz und Beteiligung möglichst vieler Sinne (nicht nur sehen und hören, sondern auch fühlen/spüren/wahrnehmen und sich selbst dabei bewegen) werden die Unterrichtsinhalte greifbar/begreifbar gemacht und besser behalten.

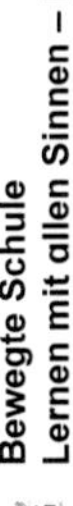

4 Lernen und Schulerfolg durch Bewegung fördern

Soll Gelerntes und Geübtes wieder abgerufen werden, so ist ganz wichtig, dass es auch im Langzeitgedächtnis möglichst in verschiedenen Mustern (durch unterschiedliche Sinne/ unterschiedliche Erfahrungen) abgespeichert wird.

Der Tast-, Bewegungs- und Gleichgewichtssinn (die taktile, kinästhetische und vestibuläre Wahrnehmung) werden als wichtige zusätzliche Informationsquellen genutzt.

Beispiel: Gewicht spüren

Die Vorstellung über das Gewicht eines Gegenstandes (Schultasche oder Stuhl) stellt sich nur dann ein, wenn man diesen Gegenstand selbst angehoben und z.B. auf das Pult gesetzt hat – also das Gewicht gespürt hat.

Aufgenommen und gespeichert wird durch …

→ lesen 10%,
→ hören 20%,
→ zusehen 30%,
→ hören und sehen 50%,
→ selbst laut sprechen 70%,
→ bewegen und handeln 90%.

KOHL VERLAG Bewegte Schule
Lernen mit allen Sinnen – Bestell-Nr. 12 427

5 Bewegte Schule – rhythmisierter Schultag

Das Thema *bewegte oder bewegungsfreudige Schule* ist seit den 1990er Jahren ein hochaktuelles Thema. Ziel aller Überlegungen ist es, mehr Bewegung in die Schule zu bringen, d.h. die Schule auch als Lebens- und Bewegungsraum zu sehen und natürlich den Schultag/das Schulleben mit mehr Bewegung zu gestalten. Ausgangspunkt war eine von Urs Illi 1983 in der Schweiz begonnene Initiative, die deutlich machte, dass den durch langes Sitzen einhergehenden einseitigen Belastungen und Beschwerden durch Bewegung entgegengewirkt werden muss, z.B. durch Möglichkeiten eines **aktiven, dynamischen Sitzens**.

Die Erfahrungen zeigen aber, dass viele gute Ansätze inzwischen wieder verschwunden sind und die Umsetzung in vielen Bereichen nicht mehr erfolgt. Doch positive Auswirkungen, wie z.B. die Verbesserung der Lernfähigkeit und des Sozialverhaltens oder die Zunahme des Gesundheitsbewusstseins sollten ausreichend Motivation sein, den eingeschlagenen Weg gemeinsam und kreativ Schritt für Schritt weiterzugehen.[1]

Mit Ausdehnung der Schulzeit durch den Ausbau der Ganztagsschulen kommt der Frage nach Möglichkeiten einer angemessenen Integration von Bewegung, Spiel und Sport im schulischen Tagesablauf eine noch größere Bedeutung zu.[1]

Damit verbunden sind ein **rhythmisierter Schultag** mit Bewegungs- und Entspannungspausen und Lernen mit/durch Bewegung in allen Fächern, im Weiteren mit Bewegungsanlässen in den großen Pausen und aktiv-dynamischem Sitzen. Dazu gehört auch die Gestaltung eines bewegungsfreundlichen Umfeldes (Schulhofes bzw. -geländes).

Bewegungspausen

bewegtes Lernen in allen Fächern

aktiv-dynamisches Sitzen

[1] A. Worth, Sportunterricht Jg. 65, Schorndorf 2016, Heft 4, S.97

5 Bewegte Schule – rhythmisierter Schultag

Mal so – mal so!

Bewegung, als rhythmisierendes Element, hat auch im Unterricht eine zentrale Bedeutung. Der Erhalt von Konzentrationsfähigkeit, Aufmerksamkeit und Interesse hängt auch von der Beteiligung der Motorik ab. Der Wechsel von Beanspruchung und Entspannung sind notwendige Voraussetzungen, um Interesse und Konzentration über den langen Schultag wachzuhalten.

→ Ein rhythmisierter Schultag belebt und verbessert die **gesamte Schulatmosphäre**.

→ Mit und durch Bewegung lernt man **erlebnishaft und ganzheitlich** (mit Kopf, Herz und Hand).

→ Mit Bewegung nimmt man vielfältiger wahr, weil immer mehrere Sinne beteiligt sind. Das Lernen wird dadurch **vielschichtiger**.

→ Durch Bewegung wird der weit verbreiteten **Kopflastigkeit** entgegengewirkt.

→ Durch das handelnde Lernen und Erfahren mit allen Sinnen – mit dem bewegten Körper werden **unterschiedliche Lerntypen** erfasst.

→ Unter rhythmisiertem Unterricht versteht man den ausgewogenen Einsatz **verschiedener Lehrmethoden**.

→ Viele Unterrichtsinhalte können mit Bewegung unterstützt oder **erschlossen** werden.

→ Kinder und Jugendliche sitzen in der Schule viel zu oft und viel zu lange einseitig. Durch kürzere Sitzzeiten und Veränderung der Sitzposition können **innere Spannungen** verhindert werden.

Die oben genannten Punkte machen deutlich, dass das *Sich-Bewegen* als **didaktisches Prinzip** verstanden werden muss. Die in diesem Buch genannten Maßnahmen und Beispiele greifen wie Puzzlesteine ineinander, ergänzen sich gegenseitig und machen deutlich, dass Bewegung zu einem wichtigen Medium wird, das zur Rhythmisierung des Schultages beiträgt.

→ **aktiv-dynamisches Sitzen**: durch Unterbrechung und Veränderung der Sitzposition Schüler zum dynamischen Körperverhalten animieren;

→ **Bewegungspausen im Unterricht**: „Mit Pausen lernt man besser", „kleine Pausen mit großer Wirkung";

→ **bewegtes Lernen**: bewegter/handlungsorientierter Unterricht: „Schüler erfahren den Unterricht sinnesaktiv und handelnd."

Bewegte Schule
Lernen mit allen Sinnen – Bestell-Nr. 12 427

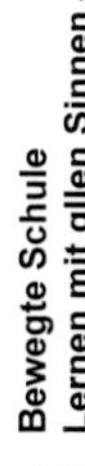

6 Aktiv-dynamisches Sitzen – Sitzpositionen verändern

„Schüler zum dynamischen Körperverhalten animieren"

Aktiv-dynamisches Sitzen bedeutet …

→ abwechslungsreich in verschiedenen Sitzpositionen zu sitzen;

→ mal im Reitersitz, mal seitlich, mal nach vorn gebeugt (Kutschersitz);

→ mal nach hinten gelehnt, aber auch mal *lümmelnd* mit angezogenen oder gestreckten Beinen.

„Wer schreibt uns eigentlich vor, dass Lesen, Schreiben und Rechnen im schulischen Alltag nur durch Zuhören und Zuschauen, also über die Körperfernsinne in bewegungsarmer Ruhehaltung, im statischen Sitzen zu erfolgen haben?"[1]

Ein amerikanischer Anthropologe (Gordon W. Hewes) hat herausgefunden, dass in den verschiedenen Kulturen unserer Welt über 1000 Sitzvarianten praktiziert werden.
Wir beschränken uns in der Schule auf eine einzige – die des statischen Sitzens auf einem starren Stuhl.[2]
Zu lange statische Arbeitsphasen und einseitig geistig belastende Konzentrationsphasen in sitzender Haltung verursachen eine Verminderung der allgemeinen Leistungsfähigkeit.
Folgende Symptome können sich bemerkbar machen:

→ Verminderung der Atemfunktion
→ Unterversorgung des Gehirns mit Sauerstoff
→ Minderversorgung der Zellen mit Nährstoffen
→ Unterversorgung (Austrocknung) der Bandscheiben
→ Einschränkung der Beweglichkeit einzelner Gelenke
→ Mobilitätsverlust des Bewegungsapparates
→ Verminderung der Körperwahrnehmung
→ **Lernstörungen und Lernblockaden**
→ Störung im psychischen Gleichgewicht (Wohlbefinden)

These: Statisches, monotones und langandauerndes Sitzen in unserer **Sitzschule** stellt für den gesamten Organismus eine Belastung dar und ist keine Haltung, die dem Lernprozess förderlich ist; es ist aber mitverantwortlich für den Verlust der Körperwahrnehmung und der mangelnden Muskelfunktionen unserer Kinder und Jugendlichen.[3]

Erwachsene – Eltern, Erzieher und vor allem Lehrer – meinen häufig, lernen könne man nur bei Ruhe und Konzentration, und dazu sei vor allem Sitzen erforderlich. Dies trifft für Kinder aber nicht zu: Sitzen ist für sie eher eine Strafe als ein Genuss.
Sitzen ist weder gesund noch fördert es die Konzentration.[4]

1 U. Pühse,/U. Illi, *Bewegung und Sport im Lebensraum Schule*, S.27.
2 U. Pühse,/U. Illi, *Bewegung und Sport im Lebensraum Schule*, S.30.
3 U. Pühse,/U. Illi, *Bewegung und Sport im Lebensraum Schule*, S.31.
4 R. Zimmer, *Schafft die Stühle ab*, S. 14.

6 Aktiv-dynamisches Sitzen – Sitzpositionen verändern

Leider ist vielen Lehrkräften nicht bewusst, dass der sog. Bio-Rhythmus eines Kindes ganz anders aussieht als der eines Erwachsenen, d.h. Kinder sind nicht in der Lage, über einen längeren Zeitraum still zu sitzen und sich zu konzentrieren. Für konzentriertes Lernen verbunden mit Stillsitzen gelten heute folgende Richtwerte (nach Klimt)[5]:

ca. 15 Minuten bei	5 bis 7-jährigen Kindern,
ca. 20 Minuten bei	7 bis 10-jährigen Kindern,
ca. 25 Minuten bei	10 bis 12-jährigen Kindern,
ca. 30 Minuten bei	12 bis 15-jährigen Kindern und Jugendlichen.

Diese Richtwerte können sich natürlich aufgrund der Unterrichtsinhalte und -methoden (aktiv, spannend, organisatorisch variierend) nach unten oder oben verschieben. Grundsätzlich gilt aber für die Grundschule: Nach ca. 15-20 Minuten sollte der Unterricht unterbrochen und eine ***Bewegungspause*** – körperliche Aktivität möglichst bei geöffnetem Fenster (frische Luft) mit ansprechenden Übungen – für alle Schüler durchgeführt werden.

Es darf also nicht heißen: „Sitz doch endlich einmal still", sondern die Kinder und Jugendlichen müssen ermutigt und evtl sogar dazu aufgefordert werden, die ganz normale Sitzhaltung immer wieder mal durch eine andere Sitzposition zu verändern, um einen Belastungswechsel für Bandscheiben und Muskulatur zu erreichen und damit einen Wechsel zwischen …

- Belastung und Erholung
- Statik und Dynamik zu gewährleisten.

Höhe von Tisch und Stuhl

Bevor einige Beispiele zur Veränderung der Sitzposition genannt werden, muss zunächst auf die richtige Maße von Tisch und Stuhl aufmerksam gemacht werden, um eine rückenschonende Schreib- und Lesehaltung zu ermöglichen.

Die Tischkante sollte sich etwa in der Höhe der Gesäßmitte des (stehenden) Kindes befinden. Ausgehend von der Stuhlkante sollte dabei ein Punkt etwa 3-4 cm oberhalb des Knies berührt werden.

Richtiges Sitzen: „Mach eine innere Momentaufnahme deiner Sitzhaltung", z.B.

→ Überprüfe deine Kopfhaltung!
→ Wie aufrecht ist deine Wirbelsäule?
→ In welcher Stellung befinden sich deine Schultern?
→ Spürst du, womit dein Po auf der Sitzfläche sitzt?
→ In welcher Stellung befinden sich Beine und Füße?
→ Spürst du Spannungen – ist etwas unangenehm?
→ Achte auf deine Atmung!

[5] F. Klimt, *Die Gestaltung der Schulpause aus sozialpädiatrischer Sicht*, in: Sozialpädiatrie 3, S. 82-87

6 Aktiv-dynamisches Sitzen – Sitzpositionen verändern

6.1 Rückengerecht sitzen

Sitzkeil: Diese aus festem Schaumstoff, in der vorderen Hälfte keilförmig und in der hinteren Hälfte waagerecht gearbeitete Sitzhilfe wird einfach auf die Sitzfläche des Stuhls gelegt. Der Sitzkeil ermöglicht eine **aufrechte Arbeitshaltung** beim Schreiben mit nach vorn gekipptem Becken. Die Sitzhöhe wird verändert, die gesamte Sitzhaltung wird physiologisch korrekter. Auf der hinteren waagerechten Fläche kann die Zuhör- oder Ruhehaltung eingenommen werden.

Sitzscheibe (Disc): Die Scheibe ist labil und fördert das dynamische Sitzen. Die Kinder sind gezwungen, die Rumpfmuskulatur zu betätigen und das Becken aufzurichten. Beim Sitz auf der Sitzscheibe besteht immer die Möglichkeit, den Rücken an die Stuhllehne anzulehnen und dadurch die Rückenmuskulatur zu entspannen.

Sitz auf schülergerechtem Mobilar
(ergonomisches Gestühl = individuell angepasste Sitzmöbel)
Das Kind sitzt auf dem vorderen Drittel der nach vorn geneigten Sitzfläche. Das Becken ist leicht nach vorn gekippt, es entsteht ein offener Hüftwinkel und ein Teil des Körpergewichts ruht auf beiden Füßen.

Die **schräg gestellte Tischplatte** (ca. 16°) unterstützt die Sitzposition mit geradem Rücken.

Sitz am Aufsatzpult
Durch den Einsatz des Aufsatzpultes mit dem gewünschten Winkel von ca. 16° sitzt das Kind an einer schrägen Tischfläche wesentlich wirbelsäulengerechter.

(Bau- und Montageanleitung siehe Seite ***23***.)

Bewegte Schule
Lernen mit allen Sinnen – Bestell-Nr. 12 427

6.2 Veränderung der Sitzposition

Reitsitz: Sich verkehrt auf den Stuhl setzen. Beide Unterarme stützen sich dabei auf der Stuhllehne ab und die Wirbelsäule richtet sich auf. Dieser Sitz wird von Kindern gern angenommen und eignet sich auch gut als **Zuhörhaltung**.
Variation: Ein Bein, evtl. auch beide Beine durch die Öffnung führen.

Seitsitz: Sich seitlich auf den Stuhl setzen, dabei liegt ein Unterarm auf der Stuhllehne auf. Das Körpergewicht wird größtenteils auf die Stuhllehne verlagert. Kinder sollten es zu beiden Seiten ausprobieren.
Variation: Einen Fuß dabei auf der Sitzfläche absetzen – manche Mädchen machen das von sich aus.

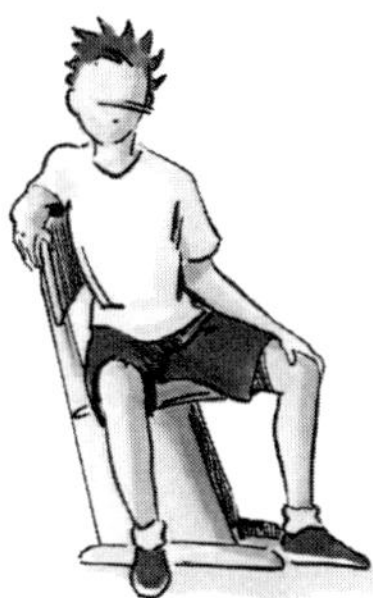

Einbeinsitz: Einen Fuß hochziehen und auf der Sitzfläche absetzen. Die Hände umfassen dabei das Knie. Auch mit dem anderen Fuß versuchen.
Variation: Einen Fuß unter das Gesäß schieben und darauf sitzen. Hier natürlich auch spiegelbildlich mit dem anderen Fuß probieren.

Kniesitz: Sich im Kniesitz auf den Stuhl setzen, die Unterarme liegen auf der Tischplatte. Ein Kissen unter den Knien erleichtert und fördert diese Sitzposition.

Kutschersitz: Sich bequem mit leicht geöffneten Beinen mittig auf die Sitzfläche des Stuhls setzen, die Unterarme werden dabei auf den Oberschenkeln abgelegt. Es muss spürbar werden, dass das Gewicht des Oberkörpers auf die Beine verlagert wird. Der Rücken bleibt gerade. Eine gute Übung, um sich zu erholen – zu entspannen.

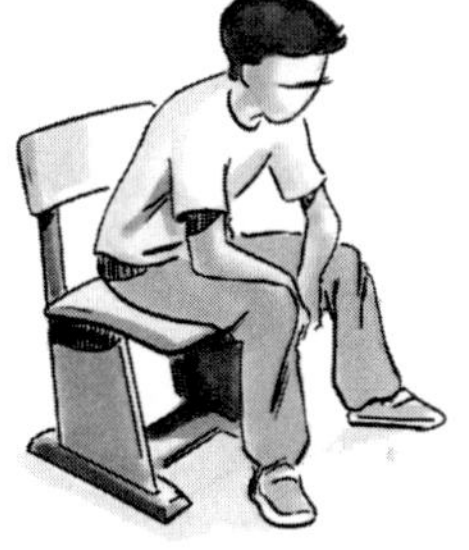

Zuhörposition: Sitz mittig auf der Sitzfläche des Stuhls und sich leicht zurücklehnen. Der Rücken wird von der Rückenlehne abgestützt, die Füße liegen dabei auf einer Fußstütze (Fußbank, dickes Buch, Sitzkeil) auf.

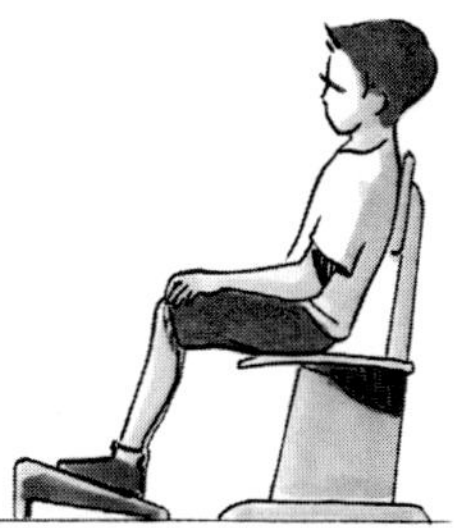

KOHL VERLAG
Bewegte Schule
Lernen mit allen Sinnen – Bestell-Nr. 12 427

6.3 Aufsatzpult – Bauanleitung

Aufsatzpulte kann man im Werkunterricht (oder mit Hilfe des Hausmeisters/der Eltern) selbst bauen – herstellen lassen. Bewährt hat sich auch eine evtl. Kooperation mit einer Schule im SEK I-Bereich, die dann die Aufsatzpulte im Werkunterricht herstellen kann.

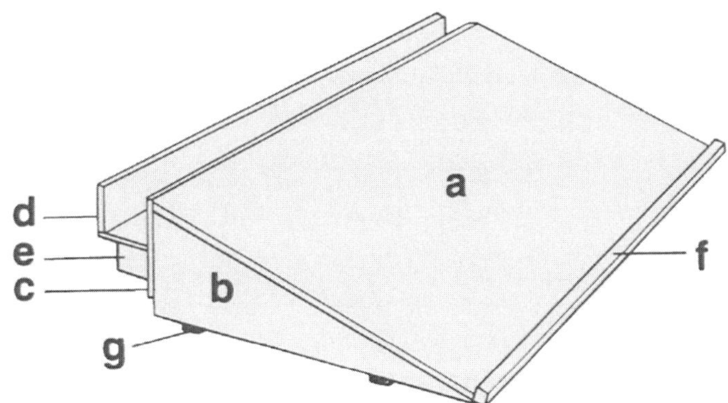

Material: *(alle Angaben in cm)*

a) Eine Leimholzplatte 60 • 40 • 2 (evtl. auch ein kunststoffbeschichtetes Regalbrett).

b) Zwei keilartige (dreieckige) „Füße“ (38 • 11 • 2). Die Maße der Seitenkeile ergeben in guter Annäherung den gewünschten Winkel von 16°.

c) Ein Rückwandbrett 50 • 10 • (1,5-2).

d) Ein L-Profil (bestehend aus einem waagerechten Brett 50 • 4,5 • 1,5 und einem senkrechten Brett 50 • 2,5 • 1,5) als Ablage für Stifte (Schreibutensilien).

e) Ein Vierkantholz ca. 3 • 3 als verstärkendes und haltendes Element unter dem L-Profil.

f) Eine Leiste 60 • 2,5 • 1 am unteren Ende des Aufsatzpultes, damit die Hefte nicht runterrutschen können.

g) Vier Anti-Rutsch-Noppen unter den keilartigen Füßen verhindern das Rutschen des Aufsatzpultes auf dem Schultisch.

Montage:

1. Die beiden keilartigen *Füße* werden mit Holzschrauben oder Nägeln ca. 8 cm vom Rand der Leimholzplatte nach innen versetzt (Achtung: ohne Versatz, also falsch eingezeichnet!) angeschraubt oder angenagelt (Schraub- oder Nagelköpfe versenken!).
2. Anschließend wird das Rückwandbrett an den Fußkeilen mit Nägeln so befestigt, dass es flächig mit der Schreibplatte abschließt.
3. Das vorher zusammengeleimte L-Profil wird mit 3 cm Abstand nach unten von der Oberkante des Rückwandbrettes versetzt angebracht (geleimt).
4. Unter dem L-Profil wird das Vierkantholz als Verstärkung angeleimt, evtl. auch mit Nägeln an der Rückwand befestigt.
5. Am unteren Ende des Aufsatzpultes wird die Leiste mit Leim und Nägeln angebracht. Die Leiste steht ca. einen halben Zentimeter nach oben, damit die Hefte nicht runterrutschen können.
6. Unter die beiden Fußkeile werden vorn und hinten je zwei *Anti-Rutsch-Noppen* aus Gummi (Kunststoff) geklebt oder genagelt (Nagelkopf versenken!).
7. Zum Schluss werden einmal links und einmal rechts in den Boden des L-Profils oberhalb der Vierkanthölzer jeweils mittig nebeneinander zwei etwas nach hinten schräge Löcher (ca. 8-8,5 mm Durchmesser, ca. 2-3 cm tief) gebohrt, um Blei- oder Buntstifte mit der Spitze nach unten hineinzustecken, die dann wiederum als Buchstütze verwendet werden können.

7 Bewegungspausen im Unterricht

„Kleine Pausen mit großer Wirkung“

Bewegungspausen ...

→ sind kurze Auflockerungs- und Entspannungsphasen nach konzentrierten Unterrichtsabschnitten. Sie dauern ca. 3-7 Minuten;

→ dienen als Ausgleich und Stress-/Spannungsabbau nach längeren Sitzphasen;

→ sorgen für die Wiederherstellung der Aufmerksamkeit und der Lernmotivation.

Sich hinter den Stuhl stellen, gemeinsam rhythmische Klatschübungen ausführen.

Pausen sind heute oft negativ belegt. Aussagen wie *„Da muss man durch“* oder *„Ohne Fleiß kein Preis“* sind gekoppelt mit der häufig fehlenden Körperlichkeit unserer modernen Gesellschaft und stehen deshalb meistens dem Nachgeben eines natürlichen Empfindens im Wege.

Pausen sind wichtig – machen Sinn!

Wer seinen Körper achten gelernt hat, spürt bei Anstrengungen kognitiver und physischer Art nach einer gewissen Zeit deutlich den Ruf nach einer Pause.

Kinder und Jugendliche kennen und erleben den Schultag im üblichen 45-Minutentakt. Pausen erfahren Kinder in formal festgelegten Pausenordnungen und manchmal oft nur zum Zwecke eines Raumwechsels. Die Konzentrationsfähigkeit, die kognitive Leistungsfähigkeit und eine ausreichende Sauerstoffversorgung des Gehirns finden im Unterrichtsalltag häufig keine Beachtung.

Jede Lehrkraft kennt die Situationen, wenn Kinder und Jugendliche nicht mehr so richtig aufpassen, eher lustlos wirken, *in der Gegend rumgucken*, ihre Sitzpositionen verändern, den Oberkörper auf den Tisch legen, mit ihren Stühlen kippeln und/oder *in sich zusammensacken*. Hinweise wie „**Setz dich vernünftig hin!**“, „**Sitz still!**“ und/oder „**Pass auf!**“ helfen wenig weiter und sind unangebracht.

Die Ursachen dieser Ermüdungserscheinungen können ganz unterschiedlich sein, z.B. ...

→ zu langes Fernsehen am Vorabend zu Hause (wenig Schlaf);
→ anstrengender/einseitiger und als langweilig empfundener, *verkopfter* Unterricht;
→ zu warme oder insgesamt zu schlechte Luft im Klassenraum;
→ unangepasstes Mobilar usw.

Häufig werden diese oder ähnliche Verhaltensweisen in der dritten und/oder vierten Unterrichtsstunde sicht- und beobachtbar. Die Lehrkraft kennt die Jungen und Mädchen ihrer Klasse und reagiert flexibel richtig auf diese Erscheinungsformen, indem sie den Unterricht mit einer *Bewegungszeit* (Bewegungspause, körperliche Aktivität) unterbricht.

Bewegte Schule
Lernen mit allen Sinnen – Bestell-Nr. 12 427
KOHL VERLAG

7 Bewegungspausen im Unterricht

Die Unterbrechung des Unterrichts und die Durchführung der Bewegungszeit ist **keine verschwendete Zeit**, weil *Bewegungsaktivitäten* ...

→ für eine bessere Durchblutung sorgen und dem Gehirn mehr Sauerstoff zuführen;
→ für Abwechslung sorgen und das *verkopfte* Lernen unterbrechen;
→ die Möglichkeit eröffnen, das statische Sitzen zu unterbrechen und die Gliedmaßen kurzzeitig zu bewegen – die Muskulatur zu entkrampfen;
→ eine erneute Informationsaufnahme ermöglichen und für eine bessere Konzentrationsfähigkeit sorgen;
→ insgesamt die Lernfähigkeit verbessern, den Spaß (die Voraussetzungen) an einer Mitarbeit im Unterricht wieder herstellen und dadurch einen möglichen Zeitverlust wieder ausgleichen;
→ den Rhythmus zwischen Anspannung und Entspannung, zwischen Konzentration und Erholung erfahren und erleben lassen;
→ als tägliche Bewegungszeit Abwechslung in den starren Ablauf des Schultages bringen.

Wer kann mitmachen?

Grundsätzlich muss das Übungsangebot so sein, dass alle Kinder und Jugendlichen mitmachen – aktiv sein können. Unterschiedliche Belastungen ergeben sich durch die Variationen oder die Anzahl der Wiederholungen.

Wann sollte der Unterricht durch eine Bewegungszeit unterbrochen werden?

Immer dann, wenn die Lehrkraft die o.g. Verhaltensweisen bei ihren Schülern feststellt. Es ist besser, flexibel zu reagieren, als die Bewegungszeit fest in die Tages- oder Wochenplanung einzubinden.

Wo kann die Bewegungszeit durchgeführt werden?

Die Bewegungszeit kann im Klassenraum, auf den Schulfluren und auf dem Schulhof durchgeführt werden. Besondere Raumansprüche werden nicht gestellt, damit erfüllt jede Schule die notwendigen räumlichen Voraussetzungen. Natürlich müssen die Übungen immer unter Berücksichtigung der jeweiligen örtlichen Gegebenheiten ausgewählt werden.

Welche Geräte werden benötigt?

Es werden nur Geräte eingesetzt, die ...

→ in jedem Klassenraum vorhanden sind, z.B. Stühle und Tische;
→ man meistens in den Schulfluren vorfindet, z.B. Treppen;
→ die meistens auf jedem Schulhof vorhanden sind, z.B. Sitzbänke, Treppenstufen, aufgemalte Linien und besonders markante Punkte wie der Fahrradstand, Bäume, festinstallierte Geräte wie Tore, Spielgeräte usw.
→ und natürlich die im persönlichen Besitz jedes Kindes/Jugendlichen befindlichen Materialien wie Bücher, Radiergummi, Lineal, Ranzen usw.
→ **Aber keine extra herbeizuschaffenden bzw. extra bereitgestellten Geräte!**

Wie lange sollte die Bewegungszeit (Unterbrechung des Unterrichts) dauern?

Grundsätzlich sollte die Bewegungszeit (Unterbrechung des Unterrichts) ca. 5-10 Minuten dauern. Danach geht der ganz normale Unterricht weiter. Die Anzahl der Übungen ist flexibel zu handhaben. Die Übungszeit ist jederzeit zu begrenzen, indem man einige Übungen weglässt oder weniger Übungen anbietet.

7 Bewegungspausen im Unterricht

Wichtige Hinweise zur praktischen Durchführung

Bei der Planung der Bewegungszeit stehen immer die Bedürfnisse der Kinder und Jugendlichen nach Ausgleich zum kopfbestimmten Lernen bzw. langen Sitzen im Mittelpunkt.

- Alle Übungen sind ohne große organisatorische Vorbereitung durchführbar: Es kann sofort begonnen werden.
- Alle Kinder und Jugendlichen können aktiv teilhaben: alle machen alles mit!
- Es scheidet kein Kind bzw. Jugendlicher aus irgendwelchen Gründen aus.
- Die Lehrkraft sollte möglichst häufig bei vielen Übungen mitmachen (Vorbildfunktion) und sich auch emotional am Bewegungsgeschehen beteiligen.
- Manchmal ist es sinnvoll, einzelne Übungen von Kindern oder Jugendlichen vormachen zu lassen.
- Es können evtl. Hinweise zur Ausführung gegeben werden, die als kleine Hilfen zu verstehen sind. Große Korrekturen erübrigen sich – sind auch nicht notwendig!
- Die Anzahl der Wiederholungen richtet sich nach der individuellen Leistungsfähigkeit des Schülers und der eingeplanten Zeit.
- Die ausgewählten Übungen werden ruhig und ohne Hektik ausgeführt.
- Manchmal muss evtl. auch die jeweilige Übung für einzelne Schüler etwas abgewandelt werden.
- Welche Übungen letztlich in der jeweiligen Klasse zum Einsatz kommen, entscheidet die Lehrkraft vor Ort unter Beachtung der jeweiligen Klasse oder Gruppe. Mit etwas Kreativität lässt sich schnell selbst ein *kleines Programm* zusammenstellen.

Praktische Beispiele für Bewegungszeiten

Die nun folgenden exemplarischen Beispiele zeigen einige Möglichkeiten von Bewegungszeiten (-pausen) auf.
Jede Lehrkraft wird unter Berücksichtigung ihrer Gruppe/Klasse das vorgestellte Übungsprogramm ganz übernehmen bzw. verändern und variieren oder sich aus den verschiedenen Angeboten selbst ein Übungsprogramm zusammenstellen. Bei den Überlegungen zur Erstellung der Übungsprogramme steht immer die praktische Umsetzung vor Ort *in der eigenen Klasse* im Mittelpunkt.

Lehrkräfte, die den Schultag jeden Tag hautnah erleben, wissen, dass die Bewegungspause ohne großen Gerätaufwand und organisatorische Vorbereitung durchführbar sein muss.

7 Bewegungspausen im Unterricht

7.1 Bewegung an und mit Stühlen – 7 Übungen

1. Stand mit geschlossenen Füßen hinter dem Stuhl: sich in leichter Vorlage an der Stuhllehne festhalten und im ständigen Wechsel Schluss- und Grätschsprünge ausführen.

Variation: Jeweils zweimal auf der Stelle und dann zweimal im Grätschstand springen.

2. Stand vor dem Stuhl mit leicht gegrätschten Beinen. Langsames Beugen der Knie mit geradem Rücken bis der Po gerade so die Stuhlkante berührt, einen Moment so bleiben (aber nicht hinsetzen), dann wieder langsam in die Ausgangsstellung zurückkommen. Die Füße haben während der Übung immer vollen Bodenkontakt.

Variation: Die Arme bei der Kniebeuge nach vorn in die Streckung führen oder vor der Brust verschränken.

3. Sitz auf dem vorderen Drittel des Stuhls: Zunächst mit beiden Händen über Kopf klatschen, dann auf beide Knie klatschen und danach den Oberkörper nach vorn neigen und hinter den Waden klatschen. Anschließend wieder aufrichten und über Kopf in die Hände klatschen.

Variation: – jeweils zweimal klatschen;
– überkreuz auf die Knie klatschen.

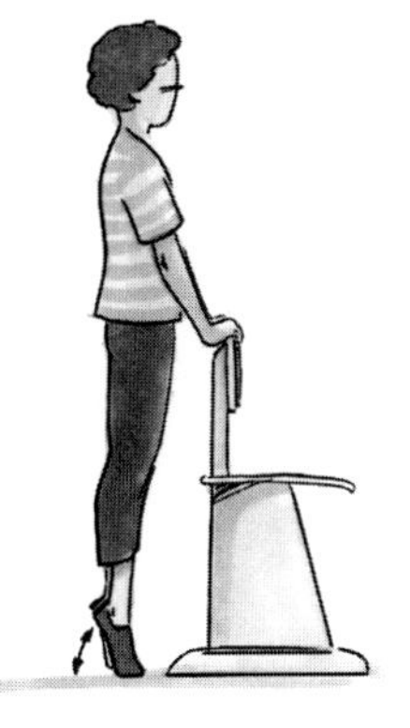

4. Stand mit geschlossenen Füßen hinter dem Stuhl und sich mit beiden Händen an der Stuhllehne festhalten, der Blick geht nach vorn: die Füße hochdrücken in den Ballenstand, einen Moment so bleiben und dann wieder absenken.

Variation: – nur mit einer Hand an der Stuhllehne festhalten, ohne dabei aus dem Gleichgewicht zu kommen;
– Ausgangsstellung wie vorher, aber mit einem Bein ausführen. Ein Bein wird dabei leicht vom Boden angehoben, das andere übende Bein muss nun das ganze Körpergewicht nach oben drücken.

5. Um den eigenen Stuhl gehen. Auf Ansage der Lehrkraft „Rechte Hand!“ muss schnell der genannte Körperteil auf die Sitzfläche des Stuhls geführt werden. 2-3 Sekunden so bleiben, dann wieder um den Stuhl gehen.

Variation: Durch den gesamten Klassenraum gehen und die nächstliegende Sitzfläche nutzen.

6. Seitlich zum Stuhl stehen und mit beiden Händen auf der Sitzfläche abstützen (Blick geht zu den Händen). Nun **den rechten Arm und das linke Bein fast bis zur Waagerechten anheben** und dabei einatmen. Einen Moment diese Position halten, dann wieder in die Ausgangsstellung zurückkommen und gegengleich zur anderen Seite üben.
   Immer auf ausreichenden Abstand zum Nachbarn achten.
   Variation: Das angehobene (gestreckte) Bein kurz beugen und das Knie zur Brust führen, dann wieder strecken.

7. Sitz auf dem vorderen Drittel des Stuhls. Jeder legt sich ein Buch auf den Kopf und steht damit vorsichtig auf, ohne dabei das Buch zu verlieren. Einen Moment stehen bleiben, dann wieder hinsetzen.
   Variation: Nachdem der Stand erreicht ist, kurz den Oberschenkel des linken Beines anheben, ohne dabei das Buch zu verlieren.

> Nach Phasen längerer Konzentration verlassen die Schüler auf Anordnung der Lehrkraft kurzfristig den Klassenraum und gehen auf den Flur oder auf den Schulhof und kehren ca. 3 Minuten später wieder an ihren angestammten Platz zurück.

7.2 Bewegung ohne Geräte – 7 Übungen

1. Die **Hände zunächst nach rechts oben** führen und zweimal in die Hände klatschen, danach leicht **nach vorn neigen** und zweimal auf die leicht gebeugten Knie klatschen, anschließend die Hände nach links oben führen und zweimal in die Hände klatschen usw.
   Variation: Das Klatschen auf den leicht gebeugten Knien erfolgt überkreuz.

2. **Hüpfen mit geschlossenen Füßen** vor und zurück.
   Beine im Wechsel grätschen und überkreuzen.
   Variation: Die Abfolge vorgeben: zweimal auf der Stelle, zweimal grätschen, zweimal überkreuzen usw.

3. Aus dem Stand **in den hohen Ballenstand gehen** und dabei die Hände mit gehaltenem Flechtgriff (die Handflächen zeigen nach oben) in die Hochhalte bringen, ohne dabei das Gleichgewicht zu verlieren – einen Moment so bleiben, dann wieder langsam in die Ausgangsstellung zurückkommen.
   Variation: Mit überkreuzten Füßen langsam in den Ballenstand kommen.

4. In jeder Hand **ein Buch halten, das rechte Knie anheben** und gleichzeitig den linken Arm weit nach oben über Kopf führen. Rechtes Knie absenken und sofort das linke Knie und den rechten Arm anheben.

5. Beide Hände fast gestreckt über Kopf nehmen. Nun den **rechten Arm nach vorn unten und gleichzeitig den linken Arm nach hinten unten** führen. Zweimal hintereinander ausführen, dann eine kleine Pause machen, danach gleich noch zweimal ausführen.

6. Alle Kinder **gehen durch den Klassenraum, weichen den Stühlen und Tischen aus** und behindern keinen anderen Schüler. Auf vorher angesagte Klatschimpulse nehmen sie eine bestimmte Position ein, z.B.: einmal klatschen = Einbeinstand – zweimal klatschen = in die Hocke gehen – dreimal klatschen = sich auf den nächsten Stuhl setzen.

7. Den linken **Oberschenkel bis zur Waagerechten anheben und ein Buch darauf legen**. Anschließend beide Arme langsam über Kopf zusammenführen und danach wieder absenken und gleich noch einmal ausführen. Anschließend auch gegengleich üben.

Weitere ähnliche Beispiele:

7.3 Atmung intensivieren

Atmen bedeutet immer, Sauerstoff aufzunehmen und verbrauchte Luft abzugeben. Wichtig ist, dass die Ausatmung immer länger als die Einatmung dauern sollte. Atmung und Haltung gehören eng zusammen: z.B. führt eine schlaffe Haltung meistens auch zu einer schlechteren und eingeengten Atmung. Eine aufrechte Haltung sorgt dafür, dass eine tiefe und intensive Atmung möglich wird.
Um eine tiefere und intensivere Atmung zu ermöglichen, können die folgenden Übungen zwischendurch ausgeführt werden.

Lippenbremse: Aufrecht auf dem vorderen Drittel des Stuhls sitzen und beide Hände auf den Bauch legen. Durch die Nase wie gewohnt einatmen. Anschließend durch den Mund mit nur leicht geöffneten Lippen ausatmen. Diese sog. Lippenbremse führt zu einer verlängerten und intensiveren Ausatmung, sodass anschließend auch wieder mehr Sauerstoff aufgenommen werden kann.

Buch über Kopf: Aufrechter auf dem Stuhl sitzen und ein Buch zwischen die Hände nehmen. Beim Einatmen das Buch mit fast gestreckten Armen über Kopf in die Hochhalte führen. Danach langsam mit *Lippenbremse* ausatmen und das Buch auf den Oberschenkeln ablegen.

Bewegte Schule
Lernen mit allen Sinnen – Bestell-Nr. 12 427
KOHL VERLAG

8 Bewegtes Lernen: bewegter/handlungsorientierter Unterricht

„Schüler erfahren den Unterricht sinnesaktiv und handelnd."

Im bewegten Unterricht/beim bewegten Lernen erfolgt die Informationsaufnahme und -verarbeitung unter Einsatz möglichst vieler Sinne, nicht wie üblich nur über das Sehen und Hören, sondern auch das Fühlen und sich selbst dabei Bewegen. Es werden die Unterrichtsinhalte greifbar/begreifbar gemacht und besser behalten.

Der Tast-, Bewegungs- und Gleichgewichtssinn (taktil-kinästhetische und vestibuläre Wahrnehmung) werden als wichtige zusätzliche Informationsquellen genutzt. Die Rezeptoren (Nervenenden) der kinästhetischen Wahrnehmung befinden sich in den Muskeln, Sehnen, Bändern und Gelenken. Informationen erfolgen also nicht über die Umwelt, sondern über den Körper und die eigene Bewegung.[1]

Insbesondere über den *Bewegungssinn* erhält der Schüler zusätzliche, wichtige Informationen über den Lerngegenstand und natürlich über sich selbst.

<u>Beispiele</u>:

→ Die **Fingerkuppen beider Hände aneinanderlegen**, sodass zwischen den Fingern eine ovale Öffnung entsteht (**Zelt oder Iglu**). Nun die Finger strecken und den Druck auf die Fingerkuppen verstärken, sodass ein **Spitzdach** entsteht. Einen Moment diese Position beibehalten, dann lösen und wieder in die Ausgangsstellung zurückkommen. Den Wechsel zwischen Spannung und Entspannung deutlich spüren.

→ Auf einem Blatt eine schräge Linie (Diagonale) von links unten nach rechts oben ziehen (**starker Druck** auf den Stift) und anschließend eine schräge Linie (Diagonale) von links oben nach rechts unten ziehen (**weniger Druck** auf den Stift).

Beim Lernen mit allen Sinnen werden Lerninhalte von den Kindern umfassend *begriffen* und verstanden. In der *greifbaren* und handelnden Auseinandersetzung mit Lerngegenständen werden über die sinnliche Wahrnehmung und deren geistige und gefühlsmäßige Verarbeitung wirklichkeitsnahe Lebenszusammenhänge selbst entdeckt.[2]

<u>Beispiele</u>:

→ **Wäscheklammern zu einem Kreis** verknüpfen (ein Dreieck, ein Viereck).

→ Drei bis vier Schüler verknüpfen ihre Wäscheklammern zu einem Kreis. Nun **gemeinsam versuchen, diesen Wäscheklammerkreis vorsichtig anzuheben**, ohne dass er auseinanderfällt.

→ Ein **Springseil so auslegen**, dass ein Kreis entsteht (ein Viereck, ein Dreieck).

→ Einen **ummantelten Draht** (anderes biegsames Material) so biegen, dass ein Bogen oder ein Kreis entsteht.

[1] C. Müller, *Bewegte Grundschule – Aspekte einer Didaktik der Bewegungserziehung als umfassende Aufgabe der Grundschule,* S. 52.

[2] Unfallkasse Rheinland-Pfalz etc., *Bewegte Kinder – Schlaue Köpfe*, S. 12.

8 Bewegtes Lernen: bewegter/handlungsorientierter Unterricht

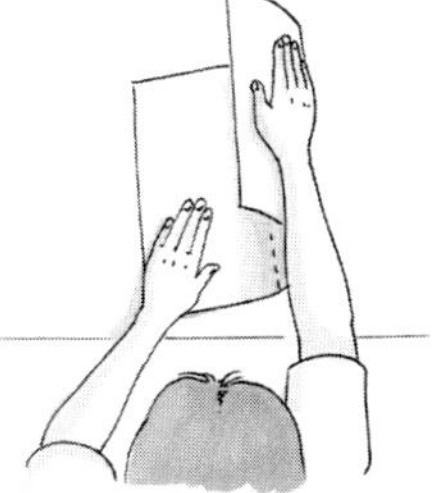

→ Ein **Blatt in zwei gleichgroße Hälften falten**: Einen DIN A4-Bogen quer auf den Tisch legen und mit der linken Hand festhalten und nun mit der rechten Hand in der Mitte falten.

→ **Abstände richtig einschätzen**: Mehrere Pylone in einer Reihe aufstellen, die Abstände zwischen den Pylonen soll ca. 2 m betragen. Wie lang ist die gesamte Strecke? Die Abstände und die Gesamtstrecke danach mit einem Bandmaß (Meterstab) ausmessen.

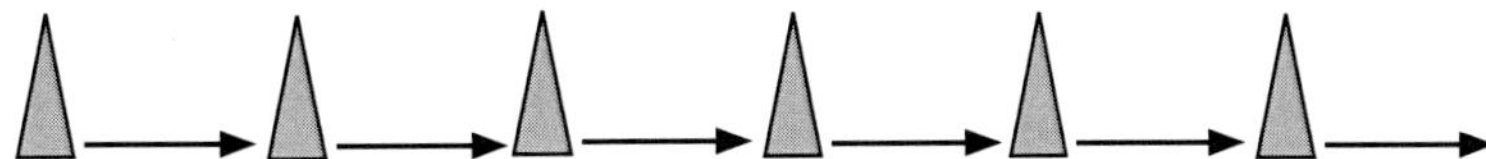

→ Mehrere Pylone **mit unterschiedlichen Abständen** aufstellen und die Abstände richtig einschätzen: Zwischen 1. und 2. = 2 m, zwischen 2. und 3. = 3 m, zwischen 3. und 4. = 4 m. Wie lang ist die gesamte Strecke? Die Abstände und die Gesamtstrecke danach mit einem Bandmaß (Meterstab) ausmessen.

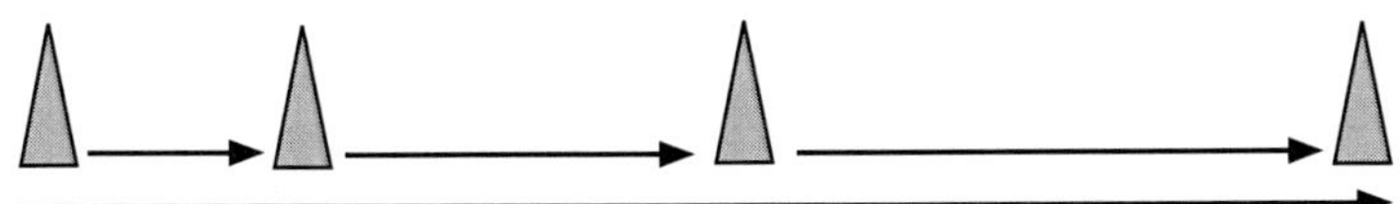

→ **Bierdeckel zu Zahlen und Buchstaben legen** und dann vorsichtig an den Seiten entlang gehen.

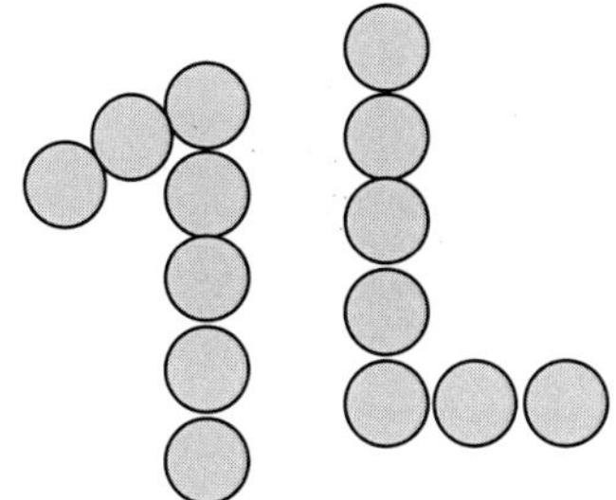

- Die Erinnerung von Sachverhalten, die mit Bewegung (im Sinne ganzkörperlicher Erfahrung) erlernt bzw. geübt werden, gelingt häufig besser als bei rein kognitiver Aufnahme.[3]
- Bewegtes Lernen bedeutet eine Erweiterung der Lernformen und eröffnet Kindern/ Jugendlichen neue Erfahrungsfelder. Lernen mit Bewegung kann in diesem Sinne als Erweiterung traditioneller Formen des Unterrichtens angesehen werden.
- Lehrkräfte äußern oft die Befürchtung, den vorgegebenen Lernstoff nicht zu schaffen – Bewegtes Lernen ist keine verlorene Zeit, ganz im Gegenteil – die Schüler sind konzentrierter/aufnahmebereiter, der Unterricht wird interessanter und es wird mehr behalten.
- Der Unterricht wird für den Schüler viel interessanter, lebendiger, effektiver und macht mehr Spaß. Was mit mehr Freude und Spaß erlernt wurde, wird auch besser behalten (abgespeichert). Außerdem kommt die Lehrkraft mit dieser Art des multisensorischen Lernens auch viel mehr den Bedürfnissen der Kinder und Jugendlichen entgegen.

3 Unfallkasse Rheinland-Pfalz etc., *Bewegte Kinder – Schlaue Köpfe*, S. 12.

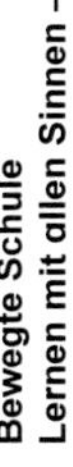

8 Bewegtes Lernen: bewegter/handlungsorientierter Unterricht

Lehrerinnen und Lehrer sollten u.a …

- durch ihre eigenen *bewegten Gedanken* und ihr *bewegtes Verhalten* den bewegten Unterricht beispielhaft authentisch *vorleben* – Schüler spüren so etwas;
- den ganzheitlichen Ansatz des Lernens im Unterricht in Verbindung mit körperlichen Bewegungserfahrungen anwenden und umsetzen;
- Möglichkeiten und Formen des bewegten Lernens kennen und im Unterricht anwenden;
- grundsätzlich wissen, wie man Unterrichtsinhalte multisensorisch vermittelt;
- darüber informiert sein, wie man Lehr- und Lernprozesse unter Berücksichtigung von Bewegung gestalten kann.

Mit etwas Kreativität und Phantasie bieten sich viele Möglichkeiten an, den Unterricht bewegter zu gestalten, damit Bewegung zu einem wichtigen Medium wird, das zur Rhythmisierung des Schultags beiträgt.

Rituale mit Bewegung

→ beginnt schon bei der Gestaltung der schulalltäglichen Rituale (Begrüßung, Beginn und Ende des Unterrichts, Zuhörhaltung, Lehrer- und Schülervortrag, Verhalten der Schüler beim Lesen, bei Fragen und Antworten usw.);

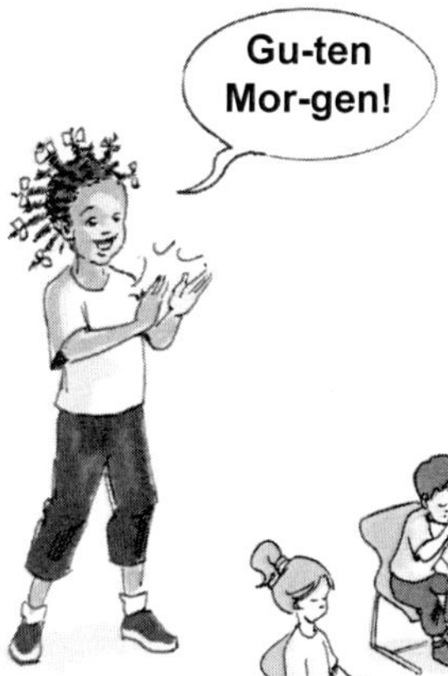

Gu-ten Mor-gen!

Sitzkreis

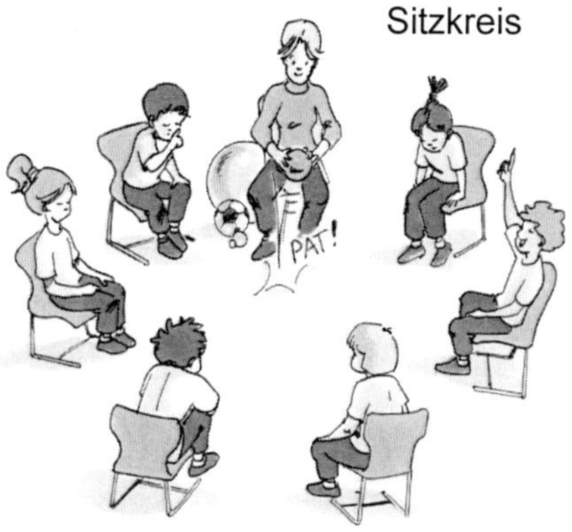

Bewegung mit und durch Methodenwechsel …

→ wird durch den Einsatz/Wechsel verschiedener Unterrichtsmethoden, wie Sitz- und Stehkreis, Partner- und Gruppenarbeit, Stationenlernen, Rollenspiel und Unterrichtsgänge etc. unterstützt;

Lerninhalte mit Bewegung

→ erfolgt in den einzelnen Fächern, indem die Lerninhalte mit Bewegung unterstützt und erschlossen werden.

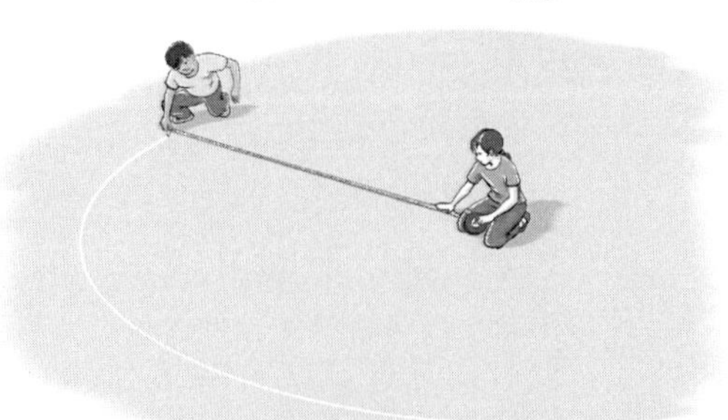

8 Bewegtes Lernen: bewegter/handlungsorientierter Unterricht

8.1 Rituale mit Bewegung unterstützen

Der Schultag, -vormittag und natürlich die Unterrichtsstunden selbst sind häufig von ganz bestimmten organisatorischen Abläufen (Ritualen) geprägt, die den Jungen und Mädchen vertraut sind und die immer wieder auftauchen. Diese Maßnahmen sind völlig unabhängig vom Fach bzw. von den Zielen der jeweiligen Unterrichtsstunde.

Wenn man sich mit den Rahmenbedingungen einer Unterrichtsstunde etwas intensiver beschäftigt, sind folgende Möglichkeiten denkbar und ohne großen organisatorischen Aufwand umsetzbar.

Beispiele:

→ das Begrüßen, den Beginn und das Beenden der Stunde
→ Lehrer-/Schülervortrag und Zuhörhaltung der Schüler
→ Verhalten der Schüler beim Lesen und bei Fragen bzw. Antworten
→ Ausgabe von Arbeitsblättern etc.

Es folgen Beispiele und Anregungen, wie man diese Rituale bewegter, abwechslungsreicher und auch interessanter gestalten kann. Erfahrungsgemäß wirkt sich schon die etwas andere Gestaltung dieser Rituale positiv auf die weitere Durchführung des Unterrichts aus.

Begrüßen/Beginn und Beenden der Stunde sowie Hausaufgaben

► Die Stunde beginnt, alle stehen auf: Hampelmannspringen – Ausgangsstellung ist der Stand mit herabhängenden Armen. Kinder und möglichst auch die Lehrkraft springen rhythmisch auf jeder Silbe zu Sätzen wie „WIR – HA – BEN – GU – TE – LAU – NE“ oder „Der – Un – ter – richt – be – ginnt“.

► Alle Schüler sitzen an ihrem Platz und sprechen deutlich die Silben „Gu – ten – Mor – gen – Frau – Schul – ze!“ und klatschen dabei zusätzlich rhythmisch in die Hände und/ oder auf die Tischplatte.

► Im Sitz mit leicht zurückgesetztem Stuhl: Mit leicht gebeugten Armen zunächst in die Hände klatschen, dann über Kreuz auf die Oberschenkel und danach auf die Tischplatte klatschen. Anschließend wieder in die Hände klatschen usw. – insgesamt dreimal.

► Die Unterrichtsstunde könnte mit einem bewegenden Element beendet werden: Stand vor dem Stuhl, zunächst mit den Händen über Kreuz auf die Schultern klatschen (rechte Hand auf die linke Schulter, linke Hand auf die rechte Schulter). Danach den rechten Fuß auf die Sitzfläche des Stuhls stellen und mit beiden Händen unter dem Bein in Hände klatschen. Anschließend wieder mit den Händen über Kreuz auf die Schultern klatschen und nun den linken Fuß auf die Sitzfläche stellen usw. Dreimal hinter jede Wade klatschen. Danach nimmt jeder seinen Stuhl und setzt ihn in bekannter Weise auf das Pult.

8 Bewegtes Lernen: bewegter/handlungsorientierter Unterricht

Lehrer-/Schülervortrag und Zuhörhaltung der Schüler

- Die Lehrkraft trägt oder liest etwas vor, die Schüler werden kurz vorher zu folgenden Bewegungen animiert: Die Schüler setzen sich vor oder zu Beginn des Vortragens verkehrt herum auf ihren Stuhl und legen die Unterarme auf der Rückenlehne ab.
- Alle Schüler stehen zu Beginn des Vortrags auf, stellen sich **hinter ihren Stuhl** und hören in dieser Stellung dem Lehrer zu.
- Alle Schüler stehen auf und setzen sich s**eitlich auf ihren Stuhl**.

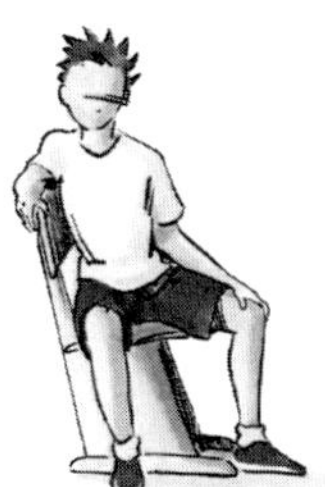

Verhalten der Schüler beim Lesen und bei Fragen bzw. Antworten

- Einige oder alle Schüler stehen auf, stellen sich hinter ihren/vor ihren Stuhl und halten dabei das Buch/Heft in den Händen.
- Alle Kinder gehen beim *stillen* Lesen mit dem Buch in der Hand langsam in der Klasse umher.
- Einige oder alle Schüler setzen sich verkehrt oder seitlich auf ihren Stuhl.
- Alle Schüler rücken einen Platz weiter nach rechts oder nach links (nach vorn, nach hinten)
- Alle oder einige Schüler stehen auf, suchen sich einen freien Platz an der Wand und lehnen sich dort mit dem Rücken an.

- Alle oder einige Schüler stehen auf und nehmen den Einbeinstand rechts ein, das linke Bein wird nach hinten gestreckt oder der linke Fuß wird an der rechten Wade abgestützt.
- Jeder sucht für sich im Klassenraum eine andere Position als die normale Sitzhaltung, z.B. Stand, Schneidersitz, Sitz verkehrt herum, Kniesitz, Sitz auf einem Kissen am Boden, Stand mit dem Rücken an der Wand usw.
- Der Schüler steht auf und trägt im Stand vor.
- Der Schüler geht an ein Stehpult und trägt dort vor.
- Der Schüler geht nach vorn (vor die Tafel) und trägt dort vor.
- Der Schüler stellt sich vor seinen Tisch und trägt dort vor.
- Die nebeneinander sitzenden Schüler wechseln die Plätze, erst dann trägt der beauftragte Schüler etwas vor.
- Wer eine Frage hat, steht auf, anstatt sich zu melden.
- Wer eine Frage hat, nimmt beide Hände nach oben (streckt sich).
- Wer eine Frage hat, steht auf und stellt sich vor seinen Tisch.
- Wer eine Aufgabe gelöst hat, steht auf und stellt sich hinter seinen Stuhl.
- Wer mit der Aufgabe fertig ist, geht an einen vorher bestimmten Platz, z.B. in die Sitzecke der Klasse oder setzt sich verkehrt herum auf seinen Stuhl.
- Haben die Schüler eine Frage oder ein Anliegen, so gehen sie nach Blickkontakt zur Lehrkraft, egal wo die sich gerade befindet (nicht umgekehrt).

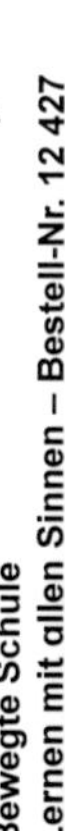

8 Bewegtes Lernen: bewegter/handlungsorientierter Unterricht

Ausgabe von Arbeitsblättern/Kopien

► Die Lehrkraft legt die Arbeitsblätter bzw. Kopien rechts und links auf ihrem Pult ab. Die Schüler stehen nacheinander auf und holen sich von dort das Arbeitsblatt.

► Die Lehrkraft verteilt Arbeitsblätter bzw. Kopien an mehreren Stellen im Klassenraum, z.B. auf der Fensterbank, auf ihrem Pult, in der Sitzecke, auf einem Regal usw. Die Schüler stehen auf und holen sich von dort die Arbeitsblätter.

Eventuell muss anfangs geregelt werden, welche Schüler zu welchen Plätzen gehen sollten, damit alle in etwa einen gleich langen Weg haben.

Hausaufgaben

Generell sollte den Schülern auch bewusst gemacht werden, dass die sitzende Tätigkeit bei der Erledigung der Hausaufgaben durch bewegende Elemente unterbrochen werden muss, um einen Ausgleich zum passiven Sitzen zu schaffen und dem Gehirn wieder mehr Sauerstoff zuzuführen, weil man danach wieder leistungsfähiger ist.

► Stand mit geschlossenen Füßen hinter dem Stuhl. Sich an der Stuhllehne festhalten und zweimal auf der Stelle hüpfen, danach zweimal im Grätschstand hüpfen, anschließend wieder zweimal im Schlusstand hüpfen usw. Mindestens fünfmal ausführen.

► Aufstehen und sich hinter den Stuhl stellen: Mit beiden Händen die Stuhllehne fassen und die Füße in den hohen Ballenstand hochdrücken, einen Moment so bleiben, dann wieder absenken. 7-10 Wiederholungen im rhythmischen Wechsel ausführen.

► In Jeder Hand ein Buch halten, das rechte Knie anheben und gleichzeitig den linken Arm weit nach oben über Kopfhöhe führen. Rechtes Knie absenken und sofort das linke Knie und den rechten Arm anheben usw. Mehrmals im rhythmischen Wechsel ausführen.

KOHL VERLAG
Bewegte Schule
Lernen mit allen Sinnen – Bestell-Nr. 12 427

Bewegtes Lernen: bewegter/handlungsorientierter Unterricht

8.2 Bewegung mit und durch Methodenwechsel

Häufig kann durch ein entsprechendes methodisches Vorgehen – durch einen Methodenwechsel – die gewohnte klassische Sitzordnung aufgelöst werden und der Unterricht/Lernprozess durch Bewegung unterstützt werden. Möglich sind der Sitz- und Stehkreis, die Partner- und Gruppenarbeit, Rollenspiele und Unterrichtsgänge.

Bewegung im Unterricht entsteht ...

→ durch die Auflösung der gewohnten Sitzpositionen und Bildung von Paaren bzw. Gruppen;

→ durch das Aufstellen der Stühle zum Sitzkreis und/oder das Aufstellen in Abstimmung mit den anderen Schülern im Stehkreis;

→ durch das Aufsuchen/Nutzen anderer Räume (Bücherei, Gruppenraum, Flure, Sitzecken) sowie das Einnehmen anderer Sitzpositionen.

Sitzkreis

Bei der Bildung eines Sitzkreises muss der organisatorische Ablauf den Schülern bekannt sein. Das Umstellen der Stühle sollte zügig vorangehen, dabei muss auf die Mitschüler Rücksicht genommen und das Mobilar schonend behandelt werden. Wichtig ist, dass der Sitzkreis auch wirklich ein Kreis ist, es dürfen keine toten Winkel enthalten sein, sodass alle Schüler Blickkontakt zueinander haben. Im Sitzkreis wird erzählt, zugehört und gefragt, aber auch gemeinsam gesungen und gespielt. Im Sitzkreis können Erlebnisse vom Wochenende erzählt, aber auch Probleme vor der Klasse vorgetragen werden. Außerdem werden im Sitzkreis Arbeiten reflektiert (Stärken, Schwächen, Verbesserungsvorschläge), um die Persönlichkeit der Kinder und Jugendlichen zu stärken und gleichzeitig das Sprechen vor einer Gruppe zu üben. Vielen Kindern und Jugendlichen fällt es leichter, im Kreis ins Gespräch zu kommen.

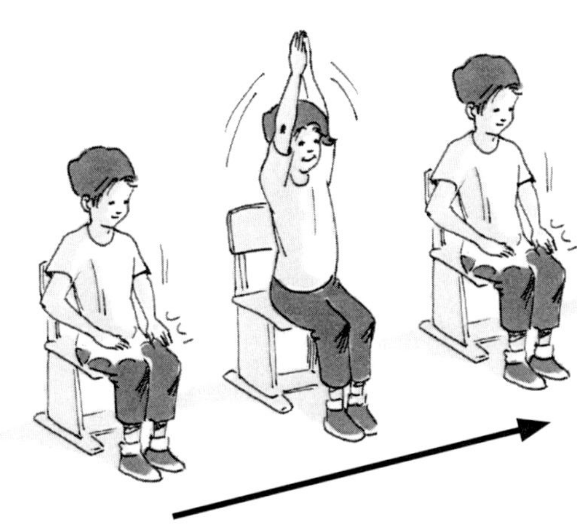

Tipp: Klatschübung im Sitzkreis

Zunächst zweimal auf die Knie klatschen, dann die Arme vorhoch (nicht seithoch) nehmen und in Hochhalte über Kopf zweimal in die Hände klatschen, danach wieder zweimal auf die Knie klatschen usw.

Variation: Zweimal auf die Knie, zweimal vor dem Körper in die Hände klatschen, zweimal über Kopf klatschen usw.

KOHL VERLAG Bewegte Schule Lernen mit allen Sinnen – Bestell-Nr. 12 427

8 Bewegtes Lernen: bewegter/handlungsorientierter Unterricht

Stehkreis – eine gute Variante, um die Sitzhaltung zu unterbrechen

Um einen Stehkreis zu bilden, braucht man Platz. Auch hier gilt, der Stehkreis muss wirklich ein Kreis sein, alle Schüler müssen Blickkontakt zueinander haben. Meistens bietet sich dafür die Fläche vor der Tafel an, sodass die Aufstellung zum Stehkreis ohne großes Verschieben des Mobiliars möglich ist. Der Stehkreis bringt Bewegung in den Unterricht, unterbricht das statische Sitzen und sorgt meistens für mehr Aufmerksamkeit und Konzentration. Auch im Stehkreis werden Arbeiten und Aufgaben reflektiert, aber auch unterschiedliche Meinungen zu aktuellen Themen diskutiert.

Tipp: Übung im Stehkreis

Den linken Oberschenkel bis zur Waagerechten anheben und ein Buch darauf legen (geht auch ohne Buch). Anschließend beide Arme langsam über dem Kopf zusammenführen und danach wieder absenken und gleich noch einmal wiederholen. Anschließend gegengleich üben.

Hinweis: Nicht den Nachbarn behindern, evtl. im Wechsel einen Schritt vor oder zurückgehen.

KOHL VERLAG Lernen mit Erfolg
Bewegte Schule
Lernen mit allen Sinnen – Bestell-Nr. 12 427

8 Bewegtes Lernen: bewegter/handlungsorientierter Unterricht

Partnerarbeit

Partnerarbeit ist eine Lernmethode, bei der zwei Schüler gemeinsam an einer unterrichtlichen Aufgabe arbeiten. Dabei stehen besonders das soziale Lernen und die Förderung des Entwickelns von Lösungen im Vordergrund. Die Partnerarbeit im Sitzen oder im Stehen ist eine Arbeitsform, die keiner langen Vorbereitung bedarf und in jeder Unterrichtsphase einsetzbar ist.
Die Schüler lernen dabei, mit einer einzigen anderen Person klarzukommen, Animositäten zu überwinden und mit ihr zu kooperieren. Je besser die Partner zusammenarbeiten, desto einfacher ist es, zu einer Lösung der Aufgabe zu gelangen.

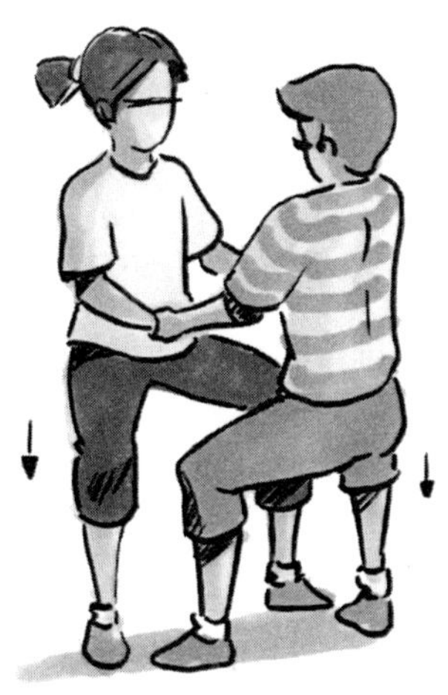

Tipp: Übung mit dem Partner

Aufstehen und sich zueinander wenden: An den Händen fassen und gleichzeitig in die halbe Kniebeuge gehen, einen Moment so bleiben und danach wieder in die Ausgangsstellung zurückkommen. Mehrmals ausführen.

Partnerarbeit ist schnell zu organisieren, indem die nebeneinander sitzenden Schüler zusammenarbeiten oder sich Paare zusammenfinden und dabei auch neue Plätze in Anspruch nehmen.
Auf ein Signal der Lehrkraft beginnen die nebeneinander sitzenden Partner ihre Gesprächsführung und auf ein weiteres Zeichen beenden sie diese auch wieder. Je öfter diese Sozialform in den Unterricht eingebaut wird, desto routinierter werden die Schüler damit umgehen und sich die Abläufe einspielen.

Partnerarbeit sollte in der Klasse immer reflektiert werden:

- Wie hast du dich mit deinem Partner gefühlt?
- Kam jeder zu Wort?
- Ward ihr gleicher Meinung?
- Traten Meinungsverschiedenheiten auf und wie wurden diese geklärt?
- Hat jeder zu gleichen Teilen an der Lösung mitgearbeitet?
- Seid ihr zu einem gemeinsamen Ergebnis gekommen?

KOHL VERLAG Bewegte Schule
Lernen mit allen Sinnen – Bestell-Nr. 12 427

8 Bewegtes Lernen: bewegter/handlungsorientierter Unterricht

Die Organisation und Durchführung der Partnerarbeit bedeutet meistens auch immer Bewegung, da sich häufig neue Partner zusammenfinden, die ihren angestammten Platz verlassen und sich an einem anderen Pult zusammenfinden. Wenn zwei Schüler, die immer nebeneinander sitzen, die Partnerarbeit aufnehmen, hat es sich bewährt, vor Beginn der Arbeit die Plätze zu wechseln.

Tipp: Empfehlenswert ist auch ein ***Ortswechsel*** während der Partnerarbeit, z.B. können nach ca. 3 Minuten die Plätze getauscht werden, d.h. alle Paare suchen sich einen neuen Platz an einem anderen Pult.

- Beim **Partnerdiktat** diktieren sich die Schüler abwechselnd einen Text.
- Beim **Lesetraining** können sich die Schüler einen Text mehrmals still durchlesen, um ihn dann ihrem Partner vorzulesen.
- Eine mögliche Variation ist auch, den Weg **zum entfernt sitzenden Partner zu gehen**, der den nächsten Satz nennt, den sich der bewegte Schüler merken muss, um ihn in sein Heft zu schreiben. Insgesamt werden drei bis vier Sätze geschrieben, dann erfolgt der Rollenwechsel.
- **Quiz** – jedes Paar erhält zu einem bestimmten Thema Quizfragen. Partner A stellt zunächst 5-10 Fragen, die Partner B beantworten muss. Später erfolgt Rollentausch und Partner B stellt 5-10 Fragen.

Beispiele:

Bundesländer – zu jeder Bildkarte die jeweilige Hauptstadt nennen und im Atlas oder an der großen Deutschlandkarte zeigen.

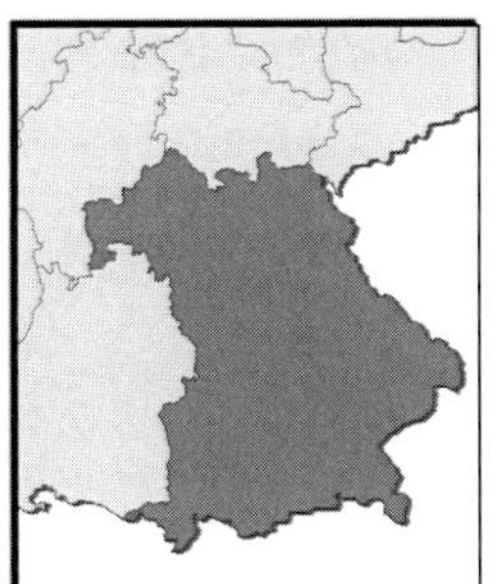
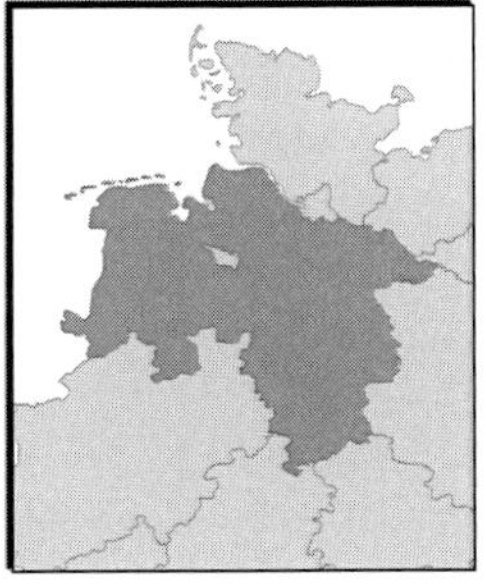
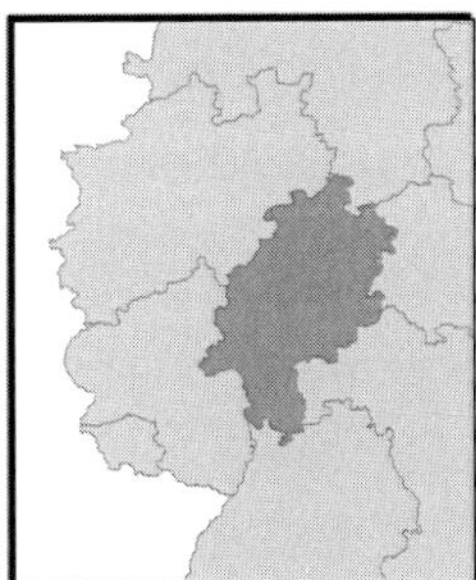
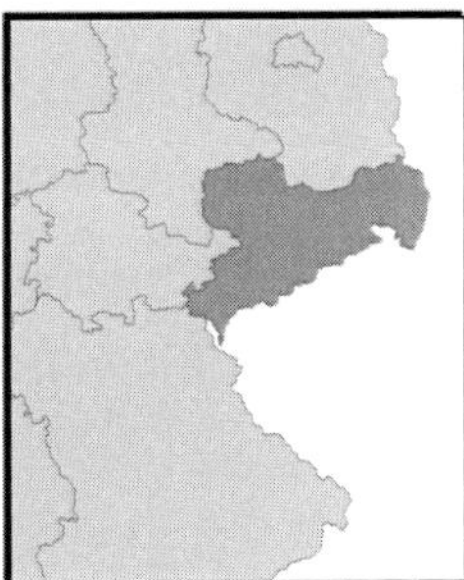
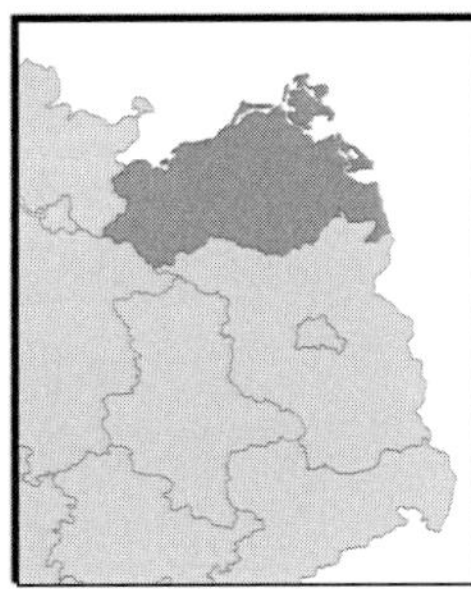

Wirbeltiere – zu jeder Bildkarte den Namen des Tieres und ihren Lebensraum (Land/ Kontinent) nennen oder im Atlas bzw. an einer Weltkarte zeigen.

8 Bewegtes Lernen: bewegter/handlungsorientierter Unterricht

Bei der Gruppenarbeit lösen die Schüler zunächst ihre gewohnten Sitzpositionen auf, finden sich in Kleingruppen zusammen, wobei sie sitzen, knien oder auch stehen.

- Bei einer Gruppenarbeit beschäftigen sich immer gleichzeitig mehrere Schüler mit demselben Thema.
- Gruppenarbeit ist eine Sozialform, die bei geschickter Eingliederung in den Unterricht zu gesteigertem Lernerfolg unter den Schülern führen kann.
- Die Arbeit in Gruppen bietet Abwechslung zum alltäglichen Unterricht und ist in vielen Unterrichtsphasen einsetzbar. Manchmal sind dabei auch unterstützende Hilfen durch die Lehrkraft angebracht.

Die Gruppenarbeit eignet sich gut zur selbstständigen Erarbeitung von Sach-, Biologie-, Erdkundethemen und vielen anderen Themenbereichen.

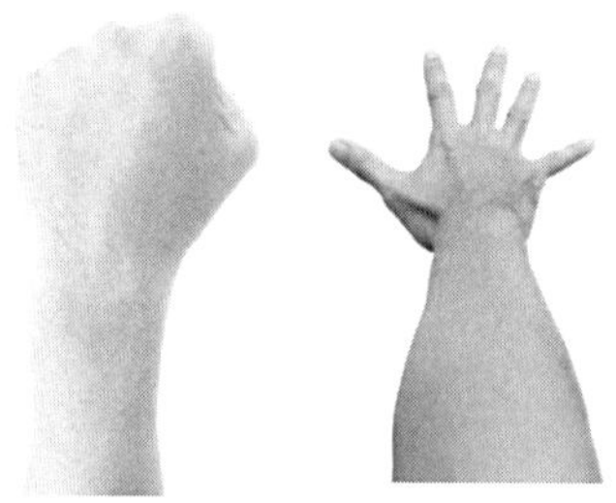

Tipp: Übung in der Gruppe

Aufstehen und beide Arme nach vorn strecken. Nun im ständigen Wechsel die eine Hand zur Faust ballen, die andere Hand öffnen und dabei die Finger spreizen. Mehrere Male ausführen.

Folgende Punkte sollten dabei beachtet werden:

→ Das jeweilige Thema/die Aufgabe muss beachtet und es muss zielstrebig daran gearbeitet werden.
→ Jeder macht mit und gibt sein Bestes.
→ Es wird kein Gruppenmitglied links liegen gelassen.
→ Es wird zugehört und aufeinander eingegangen.
→ Einer hilft dem anderen und macht Mut.
→ Andere Meinungen werden toleriert und akzeptiert.
→ Persönliche Angriffe und Beleidigungen sind nicht gestattet.

Beispiele für Gruppenarbeit:

► Anfertigung von Referaten, Kurzvorträgen und/oder Wandzeitungen.
► Gruppenarbeit unter Nutzung der Schülerbücherei. (Thema: Merkmale der Wirbeltiere)
► Lernen an Stationen im Klassenraum, Gruppenraum und Flur. (Thema: Deutschland und seine Bundesländer, jede Gruppe wählt sich ein Bundesland.)
► Gruppenarbeit mit dem Thema „Meisen“ – Text und Abb. aus einem Vogelkundebuch.
► Gruppenarbeit unter Nutzung des Atlas. (Thema: Maßstab verstehen und anwenden.)

8 Bewegtes Lernen: bewegter/handlungsorientierter Unterricht

Rollenspiel und Unterrichtsgänge

Beim Rollenspiel übernehmen die Schüler die Rollen realer Menschen, fiktiver Figuren oder von Tieren und Gegenständen. Das können die eigenen Eltern, Lehrer, Freunde, aber auch Wunschfiguren aus dem Abenteuerbereich, Tiere wie Hunde oder Katzen bzw. Maschinen wie Motorräder oder Flugzeuge sein.

Beim Rollenspiel wird die passive Sitzhaltung aufgegeben und evtl. Sitzecken, Flure und Gruppenräume genutzt. Das Spiel unterliegt Vereinbarungen und Regeln, die vorher abgesprochen und geübt worden sind.

Beispiele sind Mutter und Kind, Räuber und Polizist oder Cowboy und Indianer, die von Kindern spontan gespielt werden können. Für ältere Schüler sind entsprechende Themen auszuwählen, z.B. Bruder und Schwester, Kollegin und Kollege, Freund und Freundin etc.

Spontane Unterrichtsgänge im nahen Schulumfeld durchführen, z.B.

→ Gang zum *grünen Klassenzimmer* auf dem Schulgelände, im nahe gelegenen Park;

→ Aufsuchen der Schülerbücherei, um dort Sachbücher zur Information zu nutzen;

→ Gang zur Polizeistation (nach vorheriger Anmeldung), um dort mehr über die Arbeit der Polizei zu erfahren;

→ Gang zur Kirche, um dort einen gemeinsamen Gottesdienst durchzuführen usw.

KOHL VERLAG Bewegte Schule Lernen mit allen Sinnen – Bestell-Nr. 12 427

8.3 Lerninhalte mit Bewegung unterstützen/erschließen

Wenn die **Aktivität mit den eigentlichen Unterrichtsinhalten nichts zu tun hat**, aber den Bedürfnissen der Kinder nach Bewegung ganz allgemein entgegenkommt und damit unter anderem auch für eine bessere Sauerstoffversorgung des Gehirns sorgt, spricht man von einer **lernbegleitenden/lernunterstützenden Funktion**.

Beispiel: Sil-ben-tren-nung mit rhythmischem Klatschen unterstützen

im Sitzen und/oder im Stehen

Bei der Planung und der sich anschließenden Durchführung des Unterrichts sollten Lehrkräfte auch immer überlegen, ob die angedachten Unterrichtsinhalte/Ziele/Themen eventuell mit und durch Bewegung erschlossen werden können. Wenn die Jungen und Mädchen über Bewegung neue Inhalte erschließen können, spricht man vom **themen-erschließenden Bewegen oder von einer lernerschließenden Funktion**.

Beispiel: rechten Winkel bilden und *fühlen*

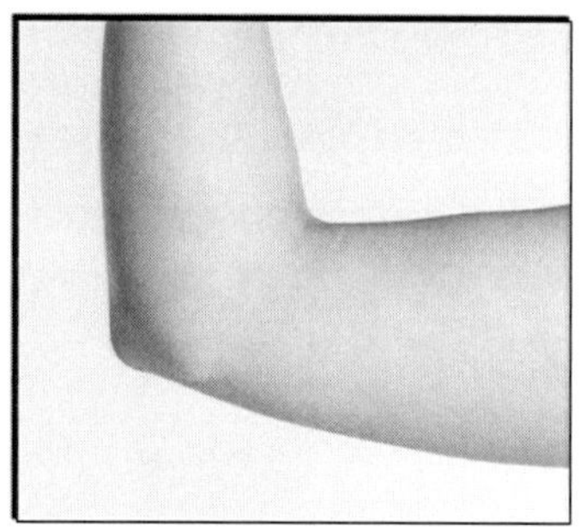

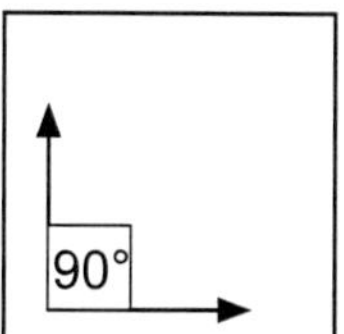

Ganz gleich, ob unterstützend oder erschließend, mit und durch Bewegung wird der Unterricht interessanter und abwechslungsreicher. Es werden Hormone ausgeschüttet, die die Stimmung heben und zu einer erhöhten Leistungsbereitschaft führen. Im Unterricht sind manchmal die unterstützende bzw. lernerschließende Funktion nicht immer scharf voneinander abzugrenzen, sondern gehen ineinander über. Es gilt heute als unbestritten, dass während der Ausübung einfacher Tätigkeiten wie im Raum umhergehen, joggen, Rad fahren, kritzeln, spazieren gehen, sich am Kopf kratzen usw. besser gelernt und mehr behalten wird – Bewegung ankert Gedanken.

Die hier genannten exemplarischen Beispiele sind als Anregungen zu verstehen und müssen natürlich von der Lehrkraft im Hinblick auf die konkrete Unterrichtssituation verändert, ergänzt und angepasst werden.

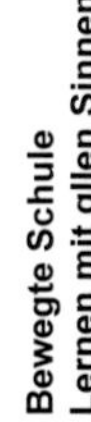

Bewegte Schule
Lernen mit allen Sinnen – Bestell-Nr. 12 427

8

Bewegtes Lernen: bewegter/handlungsorientierter Unterricht

Voraussetzungen schaffen – vielfältige Bewegungserfahrungen machen

Im Kindergarten und in den ersten Schuljahren ist es ganz wichtig, über und mit Bewegung unter Einsatz des ganzen Körpers oder auch nur mit den Händen, Armen, Füßen, Beinen, Gelenken grundlegende Bewegungserfahrungen zu machen. Nur so können die Voraussetzungen für eine erfolgreiche Schulzeit geschaffen werden:

Mit möglichst vielen Sinnen wahrnehmen: **tasten – fühlen – greifen** (begreifen) und abspeichern.

Die folgenden exemplarischen Übungen veranschaulichen die o.g. Punkte und sollten so – oder auch verändert – sehr früh (im Kindergarten und zu Beginn der Grundschule) in den alltäglichen Ablauf einbezogen werden.

► **Gegenstände zuordnen**: Unter einer Decke sind viele Gegenstände immer paarweise vorhanden, z.B. zwei runde Bierdeckel, zwei rechteckige Radiergummi, zwei 30 cm lange Lineale, zwei Tennisbälle, zwei Tischtennisbälle, zwei gleichlange Stifte usw. Das Kind soll nun die gleichen Gegenstände ertasten und außerhalb der Decke zueinander legen.

► **Grundelemente der Schrift**: Kreis, Bogen, Schleife, Girlande mit dickem Stift oder Pinsel auf einer alten Tapete mehrere Male wiederholend ausführen.

► **Luftbilder**: Beide Hände sind gefasst und *malen* Luftbilder, z.B. eine Sonne, eine Wolke, einen Baum und ein Haus. Danach werden Druckbuchstaben oder Zahlen in die Luft geschrieben. Evtl. wird der Buchstabe vorher an die Tafel geschrieben.

► **Buchstaben schreiben**: Mit der Nase Buchstaben oder Zahlen in die Luft schreiben.

► ***Liegende Acht***: Im Stand mit einem Arm und ausgestreckter Hand *eine liegende Acht* (von der Mitte nach links oben beginnend) vor dem Körper in die Luft malen. Die Augen verfolgen diese Bewegung ständig, der Kopf bleibt dabei unverändert.

Variation: Beide Hände (wie zum Gebet) verschränken und nun eine liegende Acht in die Luft malen.

Variation: Mit einem Fuß dicht über dem Boden eine liegende Acht malen, anschließend den Fuß wechseln.

► **Körperteile spüren**: Ein Kind oder die Lehrkraft steht vor der Klasse und winkt mit der rechten Hand, steht auf dem rechten Bein oder kreist mit dem rechten Fuß, schüttelt den Kopf, kreist mit dem linken Arm. Alle Kinder versuchen es dem Vorbild nachzumachen.

► **Fingergymnastik**: Alle Finger beginnend mit dem Zeigefinger gegen den Daumen derselben Hand tippen. Zunächst nur mit einer Hand, danach auch mit beiden Händen gleichzeitig ausführen.

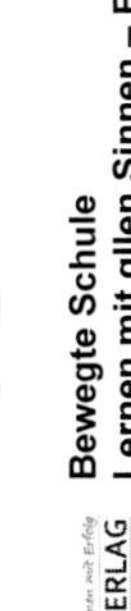

8 Bewegtes Lernen: bewegter/handlungsorientierter Unterricht

► **Fingerduo**: Der Reihe nach mit den Fingern der rechten Hand gegen den Daumen der linken Hand tippen. Danach umgekehrt.

► **Körperteile erkennen**: Die Kinder gehen um ihren Stuhl herum, unterstützend durch rhythmisches Sprechen oder Klatschen. Die Lehrkraft nennt einen Körperteil, z.B. „rechte Hand", worauf das Kind mit dem genannten Körperteil die Sitzfläche berührt. Einen Moment so bleiben, dann wieder um den Stuhl herumgehen und auf das nächste Signal warten.

► **Alltagsgegenstände** mit den Händen symbolisch darstellen, z.B. Stein = Faust;
Schere = V aus Zeige- und Mittelfinger;
Papier = ausgestreckte waagerechte Hand; Messer = ausgestreckte senkrecht gehaltene Hand;
Haus = beide Hände bilden mit aneinander gelegten Daumen ein Spitzdach;
Ball = beide Hände werden eng ineinander verschränkt usw.
Ein Kind oder die Lehrkraft nennt einen Gegenstand und alle versuchen diesen Gegenstand wie vereinbart, darzustellen.

Variation: Ein Mitschüler oder die Lehrkraft zeigt den jeweiligen Gegenstand real, die Schüler stellen den Gegenstand mit ihren Händen symbolisch dar.

► **Richtige Position**: Auf Signal eines Mitschülers oder der Lehrkraft soll sich das Kind vor, neben und hinter, eventuell auch rechts oder links neben einen Stuhl stellen.

Variation: Auf Zuruf eines Mitschülers oder der Lehrkraft soll das Kind einen Ball vor, neben und hinter, eventuell auch rechts oder links neben einen Stuhl legen.

► **Größen wahrnehmen**: Einem Kind werden die Augen verbunden: Es soll nun versuchen, alle anderen Kinder (4-6) mit geschlossenen Augen nach der Größe zu sortieren, d.h. nebeneinander aufzustellen. Alle Kinder stehen recht nahe beieinander, evtl. hilft auch ein Mitschüler das nächste Kind zu ertasten.

► **Körperstellungen**: Bestimmte Körperstellungen wie Stand, Sitz, Einbeinstand, Schneidersitz usw. werden mit akustischen Signalen verbunden, die die Lehrkraft oder ein Mitschüler ausführt, z.B. bedeuten ...

Handklatsch = **Stand**
Tambourinschlag = **Sitz**
Triangel = **Einbeinstand**
Schlüsselbundklingeln = **Schneidersitz**

8 Bewegtes Lernen: bewegter/handlungsorientierter Unterricht

Deutsch

Die folgenden praxiserprobten *Aktivitäten* sind als Anregungen zu verstehen und zeigen Möglichkeiten auf, den Deutschunterricht bewegt und handlungsorientiert zu gestalten. Je nach Schüler, Gruppe und Klasse muss die Lehrkraft verändern, ergänzen und das Angebot *passend* machen.

- ▶ Buchstaben oder Zahlen mit Seilen, kleinen Tüchern, Bierdeckeln oder Wäscheklammern legen oder im Sandkasten formen.
- ▶ Buchstaben und Zahlen aus Knetgummi formen.
- ▶ Buchstaben, Zahlen oder einfache Formen (Kreis, Rechteck) auf den Rücken des Partners schreiben/zeichnen und dann von diesem erraten lassen.
- ▶ Buchstaben oder Zahlen in einem Tastsack oder -kasten mit den Händen anfassen und fühlen: Um welchen Buchstaben handelt es sich? Eventuell auch ordnen.
- ▶ Aufgezeichnete oder mit Seilen ausgelegte Buchstaben/Zahlen mit den Füßen kleinschrittig abgehen.
- ▶ ABC-Lauf: Alle Schüler haben eine Karte mit einem Buchstaben (26) in der Hand. Wenn die Anzahl der Schüler geringer ist, werden entsprechend weniger Karten ausgegeben. Sie gehen nun langsam durch den Klassenraum oder über den Flur.
  Auf Signal der Lehrkraft stellen sich die Schüler in richtiger Reihenfolge auf: A-B-C-D-E-F-G-H-I-J-K-L-M-N-O-P-Q-R-S-T-U-V-W-X-Y-Z.

  Variation: Es stellen sich nun immer nur fünf Buchstaben hintereinander auf, z.B. A-B-C-D-E und F-G-H-I-J- usw.

  Variation: Es stellen sich die letzten zehn Buchstaben hintereinander auf – also beginnend mit Q.
- ▶ Es stellen sich alle Vokale hintereinander auf: A-E-I-O-U.
- ▶ Alle ABC-Karten (DIN A4) werden auf dem Boden des Schulflures mit Abstand (mehr oder weniger stark durcheinander) ausgelegt: Die Schüler gehen nun das gesamte Alphabet von A bis Z in der richtigen Reihenfolge ab, also von A nach B – von B nach C usw. Langsam und nacheinander gehen, nicht drängeln.

  Variation: Jedes Kind steht anfangs auf (neben) einem Buchstaben und geht nun das ABC ab und beginnt von vorn, d.h. nach Z kommt A. So entsteht kein großer Stau.
- ▶ Jedes Kind geht die Buchstaben seines eigenen Vornamens ab und bleibt beim letzten Buchstaben neben der Karte stehen.
- ▶ Alle Schüler ordnen sich alphabetisch hinter- oder nebeneinander nach dem Anfangsbuchstaben ihres Vornamens. Wenn ein Buchstabe mehrmals als Anfangsbuchstabe gebraucht wird, stellen sich diese Schüler nebeneinander auf. Anschließend auch mit dem Nachnamen versuchen.
- ▶ Mit der Schreibhand mit ausgestrecktem Zeigefinger Buchstaben in die Luft schreiben, z.B. das kleine e oder das kleine h.

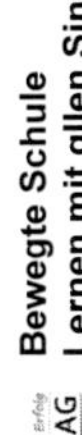

8 Bewegtes Lernen: bewegter/handlungsorientierter Unterricht

- ► Mit beiden Armen (die Hände sind gefasst) einen Buchstaben nachschwingen, z.B. das kleine *n*.

- ► **Buchstaben fühlen**: Der schreibende Schüler sitzt ganz normal an seinem Pult und schreibt einen Buchstaben möglichst groß auf ein DIN A4-Blatt. Sein Partner steht mit geschlossenen Augen hinter ihm und legt seine rechte Hand locker auf die Schreibhand des Übenden. Er soll nun nur *fühlend* herausfinden, welcher Buchstabe geschrieben wird.

  Variation: Ein ganzes Wort in Druckschrift (Schreibschrift) schreiben und *fühlend* herausfinden, um welches Wort es sich handelt.

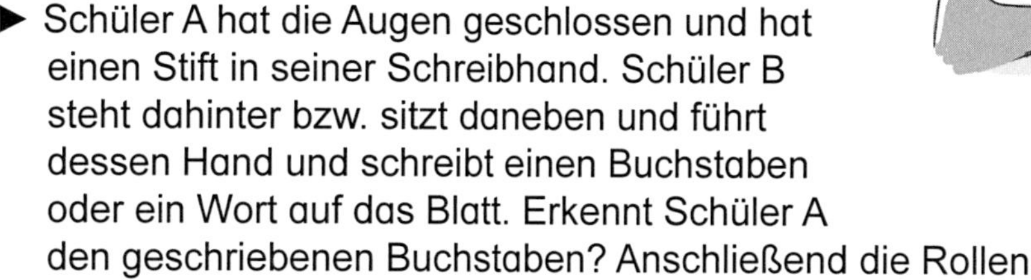

- ► Schüler A hat die Augen geschlossen und hat einen Stift in seiner Schreibhand. Schüler B steht dahinter bzw. sitzt daneben und führt dessen Hand und schreibt einen Buchstaben oder ein Wort auf das Blatt. Erkennt Schüler A den geschriebenen Buchstaben? Anschließend die Rollen wechseln.

- ► Schreibgymnastik für alle: Alle Schüler stehen auf und schreiben auf Aufforderung der Lehrkraft mit aneinandergelegten Händen und ausgestrecktem Zeigefinger großmotorisch folgende Wörter in die Luft: Schule, Haus, Aufgabe, Pause usw.

- ► Buchstaben ganzkörperlich mit Partner erfassen und darstellen, d.h. mit beiden Körpern z.B. ein *kleines k* oder ein *kleines h* bilden.

- ► In Dreiergruppen einen vorgegebenen Buchstaben darstellen. Welche Buchstaben eignen sich besser für zwei, welche für drei Personen?

- ► **Silbentrennung**: Wörter/Sätze durch rhythmisches Klatschen oder Hüpfen unterstützen, z.B. das Wort *Hun-de-lei-ne*: bei *Hun* in die Hände klatschen, bei *de* auf die Tischplatte klatschen, bei *lei* wieder in die Hände klatschen und bei *ne* wieder auf die Tischplatte klatschen.

  Variation: Wörter mit drei oder fünf Silben nennen und klatschen lassen, z.B.: Stun-den-plan – Haus-auf-ga-ben-heft – Feu-er-wehr-au-to usw.

  Variation: Klatschen verändern: Bei *Hun* über Kopf in die Hände klatschen, bei *de* überkreuz auf die Schultern klatschen, bei *lei* überkreuz auf die Knie klatschen, bei *ne* hinter den Waden klatschen.

KOHL VERLAG
Bewegte Schule
Lernen mit allen Sinnen – Bestell-Nr. 12 427

8 Bewegtes Lernen: bewegter/handlungsorientierter Unterricht

- **Silben überkreuz**: Sprechen von Wörtern mit Betonung der Silben: z.B. *A-ben-teu-er-spiel-platz* und dabei überkreuz in die Hände des Partners klatschen.

- **Wörtersuche**: Lange Wörter in Silben auf Pappstreifen schreiben und im Klassenraum auslegen: *Sach – un – ter – richt*. Jeder Schüler nimmmt sich einen Pappstreifen und versucht die zu ihm passenden Silben zu finden, d.h. in Absprache mit den Mitschülern die Silben zu sinnvollen Wörtern zusammenzusetzen und sich nebeneinander aufzustellen.

- **Sätze bilden**: Lange Sätze auf Pappe schreiben und die Silben durch Bindestriche trennen, z.B.: *A-ben-teu-er-tur-nen an vie-len Ge-rä-ten in der Turn-hal-le macht den Kin-dern viel Freu-de*.

  23 Pappstreifen werden umgedreht auf zwei bis drei Pulte gelegt. Jeder Schüler nimmt sich eine Pappe. Nun versuchen die Schüler, die Silben zusammenzusetzen und einen sinnvollen Satz zu bilden, und stellen sich entsprechend hinter- oder nebeneinander auf. Dabei immer die Anzahl der Schüler beachten, jeder Schüler muss eine Silbe (ein Wort) auf Pappe bekommen.

- **Wortarten am Stuhl**: Die Wortarten werden mit verschiedenen Stellungen am Stuhl verbunden. Artikel = vor den Stuhl stellen, Nomen = sich hinsetzen, Verb = hinter den Stuhl stellen, Adjektiv/Adverb = sich verkehrt herum auf den Stuhl setzen. Sagt ein Mitschüler oder die Lehrkraft dann z.B. „Haus“, setzen sich alle Schüler auf ihren Stuhl, bei „das“ stellen sie sich vor den Stuhl usw.

Artikel Nomen Verb Adjektiv/Adverb

Variation: Ein Mitschüler oder die Lehrkraft sagt einen Satz langsam und mit Abständen zwischen den Worten, sodass die Schüler ausreichend Zeit haben, die jeweilige Position kurz einzunehmen.

Der Saft schmeckt gut. *Gut schmeckt der Saft.* *Schmeckt der Saft gut?*

KOHL VERLAG
Bewegte Schule
Lernen mit allen Sinnen – Bestell-Nr. 12 427

8 Bewegtes Lernen: bewegter/handlungsorientierter Unterricht

► **Wortarten vor der Tafel**: Vier Schüler stehen nebeneinander vor der Tafel. Ein Mitschüler oder die Lehrkraft nennt einen Satz (evtl. wird der Satz auch mit großen Abständen an die Tafel geschrieben), z.B.: *„Der Hund läuft schnell.“* Die Schüler nehmen jeweils die entsprechende Position ein, dabei bedeutet:

Artikel = auf dem rechten Bein stehen,
Nomen = Grätschstand einnehmen,
Verb = beide Arme über Kopf führen,
Adjektiv = in die Hocke gehen.

Die Lehrkraft sagt mit kurzen Abständen ausgewählte Wörter des Satzes und die Schüler nehmen die jeweilige Stellung ein.
Variation: Den Satz verändern: *„Schnell läuft der Hund.“* *„Läuft der Hund schnell?“* Die Schüler verändern entsprechend ihre Haltung.
Variation: Einen anderen Satz nehmen, etwa mit fünf Wörtern (5 Schüler).

► **Zusammengesetzte Nomen**: Jeder Schüler erhält eine Karte mit einem Nomen, z.B.: Haus, Auto, Garten, Hunde, Schlüssel, Tür, Fenster, Bank, Blumen, Pausen, Papier, Hof, Tuch usw. Die Lehrkraft klatscht rhythmisch in die Hände, die Schüler gehen dazu durch den Klassenraum. Wenn der Klatschrhythmus endet, wenden sie sich dem nächststehenden Partner zu und versuchen ein zusammengesetztes Nomen zu bilden, z.B. werden Haus und Tür zu Haustür. Im Erfolgsfall wird es anschließend an die Tafel geschrieben usw.

► **Adjektive anschaulich**: Geeignete Adjektive (*Wiewörter*) wie groß, klein, rund, eckig ... durch eine entsprechende Körperhaltung darstellen.

► **Adjektive mit Mimik und Gestik** darstellen lassen, man wählt z.B. groß und klein, ängstlich und mutig, steif und gelenkig.

► **Adjektive steigern**: Bei der gesprochenen Grundform *„schön“* aufstehen, bei der Steigerungsstufe „schöner“ sich hinter den Stuhl stellen und bei der Höchststufe „am schönsten“ sich vor den Stuhl stellen und die Arme in die Hochhalte führen.

Variation: Die Lehrkraft wählt Adjektive wie **groß, leicht, dick, hoch** usw. aus und nennt immer nur eine Steigerungsstufe, z.B. *leichter* oder *am höchsten*. Die Schüler müssen dann immer die jeweilige Aktivität ausführen.

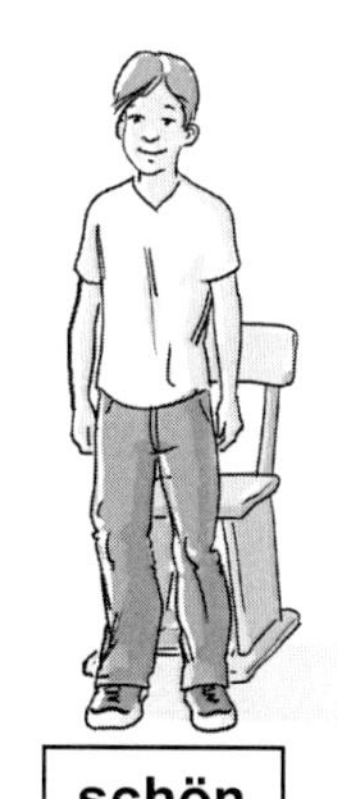
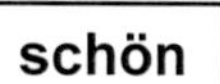

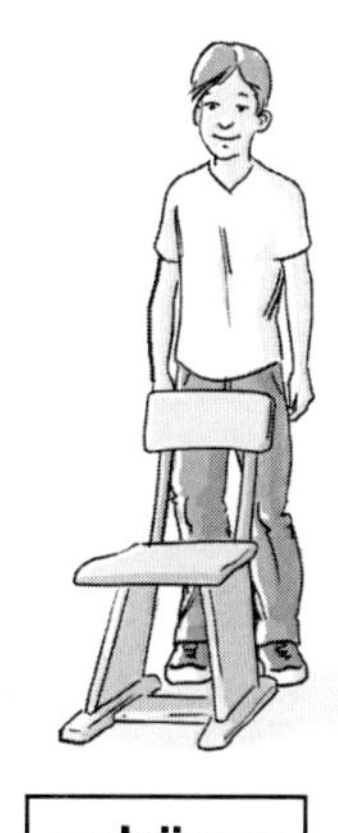

► **Vokale mit Klatschen**: Wörter mit kurzen oder langen Vokalen durch bestimmte Armbewegungen unterstützen, z.B. bei *nass, Kuss, kess, Schuss, Nuss* werden die Arme über Kopf zusammengeführt; bei Wörtern wie *Gruß, Vase, Nase, Fuß* werden die Arme hinter den Waden zusammengeführt.

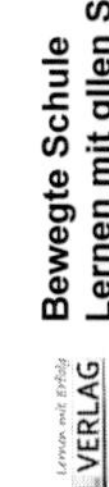

8 Bewegtes Lernen: bewegter/handlungsorientierter Unterricht

► **Vokale mit Gummiband**: Zu zweit gegenüber stehen, ein Gummiband in beide Hände nehmen und beim Sprechen der langen Vokale das Gummi auseinanderziehen und beim Sprechen der kurzen Vokale wieder locker lassen – das Gummiband verkürzt sich und die Partner gehen wieder aufeinander zu.

Variation: Die Schüler bilden einen Kreis mit Handfassung. Sie gehen beim Sprechen des Wortes Nuss aufeinander zu, die Hände werden dabei in die Hochhalte geführt. Danach folgt das Wort Vase und die Schüler gehen langsam zurück, die Arme werden wieder nach untern geführt.

► **Langer oder kurzer Vokal**: Alle Schüler stehen hinter ihren Stühlen. Ein Mitschüler oder die Lehrkraft nennt nacheinander gemischt Wörter mit langem oder kurzem Vokal:
Nuss – Vase – Fass – Nase – Wald – Bluse – Kuss – Dose …

langer Vokal = strecken – Arme in die Hochhalte führen

kurzer Vokal = in die Hocke gehen

Nuss **Vase**

Nach der Wortnennung erkennen die Schüler, ob ein kurzer oder langer Vokal vorliegt, und führen die vereinbarten Aktivitäten aus. Nach jedem Wort in die Ausgangsstellung zurückkommen.

Variation: Jeder Schüler überlegt sich ein Wort, das er später auf Zuruf seines Namens durch die Lehrkraft ausspricht, worauf dann alle anderen Schüler die vorgesehene Aktivität ausführen.

► **Stellung der Satzglieder**: Die Kinder bilden Vierergruppen und erhalten Karten mit Satzglied-Begriffen. Die Lehrkraft schreibt einen passenden Satz an die Tafel und die Schüler stellen sich entsprechend nebeneinander auf. Später verändert die Lehrkraft den Satz.

Variationen: *Alex repariert in seiner Freizeit das Fahrrad.*

Alex repariert das Fahrrad in seiner Freizeit.

In seiner Freizeit repariert Alex das Fahrrad.

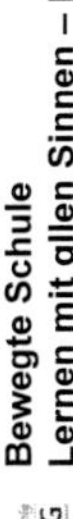

8 Bewegtes Lernen: bewegter/handlungsorientierter Unterricht

► **Zeitformen**: Die Lehrkraft nennt ein Verb nacheinander in verschiedenen Zeitformen. Die Schüler stehen hinter ihrem Stuhl und reagieren mit einer körperlichen Aktivität darauf (vorher besprechen und einüben).

Präsens (Gegenwart)	2 Schlusssprünge am Ort	- *ich male, ich komme*
Präteritum (Vergangenheit)	2 Grätschsprünge am Ort	- *ich malte, ich kam*
Futur I (unvollendete Zukunft)	2 Schrittwechselsprünge am Ort	- *ich werde malen, ich werde kommen*

Variation: Noch andere Zeitformen mit Bewegung einbeziehen.

Perfekt (Vorgegenwart)	zweimal vor der Brust in die Hände klatschen - *ich habe gemalt, ich bin gekommen*
Plusquamperfekt (Vorvergangenheit)	zweimal auf die Knie klatschen - *ich hatte gemalt, ich war gekommen*
Futur II (vollendete Zukunft)	zweimal über Kopf in die Hände klatschen - *ich werde gemalt haben, ich werde gekommen sein*

► **Laufdiktat**: Hierbei wird der Zettel oder das Sprachbuch ca. 5 m entfernt in die Fensterbank, auf das Lehrerpult oder auf andere Ablageflächen gelegt. Jeder Schüler geht zu seinem Buch, merkt sich Wörter oder Satzteile, geht zu seinem Arbeitsplatz zurück und schreibt das Gemerkte in sein Heft. Anschließend geht er wieder zur Textquelle und der Vorgang beginnt von neuem.

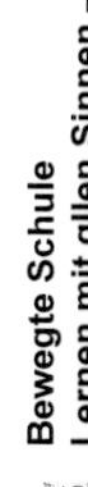

8 Bewegtes Lernen: bewegter/handlungsorientierter Unterricht

► **Lesespaziergang mit dem Partner**: Durch den Klassenraum und auf dem Schulflur umhergehen und seinem Partner einen Text vorlesen. Nach ca. 3 Min. die Rollen tauschen.

► **Hüpfkasten auf dem Schulhof**: Wörter – wie *Hut, Auto, Tor, Turm, Ast, Tom, Hase, sauer, rot, Auster, Huster, Taste, Hast, Taue, Haut* – mit Schlusshüpfer (beidbeiniges Hüpfen) in der richtigen Reihenfolge von Buchstabe zu Buchstabe abhüpfen. Es wird immer außerhalb des Kastens neben dem Anfangsbuchstaben gestartet.

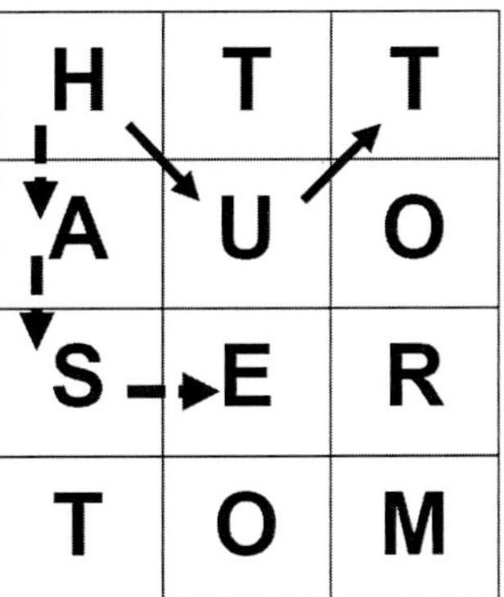

Hinweis: Mit Straßenfarbe wird auf dem asphaltierten Bereich des Schulhofes ein Hüpfkasten mit Buchstaben aufgezeichnet. Wichtig ist die Auswahl der Buchstaben und ihre Anordnung. Jedes Feld im Kasten hat ca. 30 • 30 cm.

Variation: Ebenso, aber bei jedem Vokal einen Zwischenhüpfer ausführen, bevor man weiterhüpft.

Mathematik

Die folgenden praxiserprobten Aktivitäten sind als Anregungen zu verstehen und zeigen Möglichkeiten auf, den Mathematikunterricht bewegt und handlungsorientiert zu gestalten. Je nach Schüler, Gruppe und Klasse muss die Lehrkraft verändern, ergänzen und das Angebot passend machen.

Zahlen darstellen ...

► **Finger von 1 bis 5 durchnummerieren**: Daumen (1), Zeigefinger (2), Mittelfinger (3), Ringfinger (4), kleiner Finger (5). Es werden Zahlen gesagt, z.B. 1 und 3, nun müssen Daumen und Mittelfinger aneinander getippt werden.

► **Beliebige Zahlen** von 1-10 nennen. Z.B. bei der Zahl 5 fünfmal auf der Stelle hüpfen oder fünfmal in die Hände klatschen.

► **Zahlen** durch mehrere Schüler darstellen lassen, z.B. die Jungen stellen sich zu einer **7**, die Mädchen zu einer **4** auf.

► **Zahlwortreihen**: Laut aufsagen und dabei gerade und ungerade Zahlen unterscheiden, z.B. bei 1 in die Hände klatschen, bei 2 mit der rechten Hand auf die linke Schulter klatschen, bei 3 wieder in die Hände klatschen, bei 4 mit der linken Hand auf die rechte Schulter klatschen, bei 5 wieder in die Hände klatschen, bei 6 wieder mit der rechten Hand auf die linke Schulter klatschen usw.

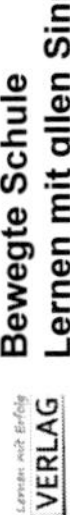

8 Bewegtes Lernen: bewegter/handlungsorientierter Unterricht

► **Zahlwortreihen mit Partner**: Ein Mitschüler oder die Lehrkraft nennt gerade oder ungerade Zahlen von 1-20. Zwei Schüler stehen sich dabei gegenüber und führen abhängig von gerade und ungerade verschiedene Handlungen aus.

Beispiel: Bei 7 zweimal auf der Stelle hüpfen, bei 8 zweimal in die Hände des Partners klatschen, bei 9 wieder zweimal auf der Stelle hüpfen, bei 10 wieder zweimal in die Hände des Partners klatschen usw.

zweimal auf der Stelle

zweimal in die Hände klatschen

Variation: Aufgaben lösen, z.B.

9 + 7 = 16 = gerade = zweimal in die Hände des Partners klatschen;

20 - 7 = 13 = ungerade = zweimal auf der Stelle hüpfen usw.

► **Einzelne Stellen** von Zahlen mit der ausgeführten Anzahl einer einfachen Bewegung verknüpfen, z.B.:

Einer = Handklatsch; **Zehner** = mit beiden Fäusten auf die Brust klopfen; **Hunderter** = überkreuz auf die Schultern klatschen; immer so oft wie die jeweilige Ziffer angibt.

Einer

Zehner

Hunderter

Variation: Zur Gewöhnung wird anfangs immer nur eine Zahl genannt, z.B. 5 = fünfmal in die Hände klatschen, 30 = dreimal mit beiden Fäusten auf die Brust klopfen, 200 = zweimal überkreuz auf die Schultern klatschen.

► **Die ganze dreistellige Zahl** als Bewegung darstellen:

124: Ein Mitschüler oder die Lehrkraft sagt „*einhundertvierundzwanzig*". Die Schüler führen nun die entsprechenden Bewegungen aus: einmal überkreuz auf die Schultern klatschen – viermal in die Hände klatschen – zweimal mit den Fäusten auf die Brust klopfen.

8 Bewegtes Lernen: bewegter/handlungsorientierter Unterricht

einmal

viermal

zweimal

124

Es gilt also: **ausführen wie ausgesprochen.**

- ► **15 + 26** = 41. Der antwortende Schüler führt folgende Bewegungen aus: einmal in die Hände klatschen, viermal auf die Brust klopfen.
- ► **356 – 124** = 232. Der antwortende Schüler führt folgende Bewegungen aus: zweimal überkreuz auf die Schultern klatschen, zweimal in die Hände klatschen, dreimal mit den Fäusten auf die Brust klopfen.
- ► **Zahlen in Bewegung**: Immer wenn die Zahl 2 vorkommt, z.B. in 12, 22, 32, 42, klatschen die Schüler zweimal in die Hände; immer wenn die Zahl 3 vorkommt, führen die Schüler drei Grätschsprünge aus; immer wenn die Zahl 4 vorkommt, gehen die Schüler einmal um den eigenen Stuhl usw.

12 = zweimal in die Hände klatschen

35 = dreimal Grätschsprünge ausführen

- ► Jeder Schüler erhält von der Lehrkraft eine Zahl von 0-9. Die Zahlen werden je nach Anzahl der Schüler mehrere Male verteilt. Wenn die Lehrkraft die Zahl „72“ sagt, müssen alle Schüler mit den Zahlen 7 und 2 aufstehen. Die Siebener rufen: „Zehner!“ und die Zweier rufen: „Einer!“ Anschließend wieder hinsetzen.

Bewegte Schule
Lernen mit allen Sinnen – Bestell-Nr. 12 427
KOHL VERLAG

8 Bewegtes Lernen: bewegter/handlungsorientierter Unterricht

- Mit den Fingern einen Kreis, ein Rechteck, ein Dreieck formen.
- In der Klasse oder auf dem Flur sich frei bewegen, ein Rechteck suchen und sich dazustellen.

- **Kind A *malt* mit dem Finger dem Partner B** (dieser hat die Augen geschlossen) eine Linie, einen Kreis oder ein Viereck in die Handinnenfläche. Anschließend öffnet B die Augen und soll die gespürte Form auf einem Blatt zeigen oder zeichnen.
- **Einen Kreis mit Seilen oder Bierdeckeln** auslegen oder Wäscheklammern zu einem Kreis verknüpfen und anschließend den Kreis am äußeren Rand ablaufen.
- **Vier- und Dreieck**: 10-12 Kinder bilden geometrische Formen nach, stellen sich z.B. im Dreieck oder Viereck auf.
- Die Lehrkraft nennt Eigenschaften von Gegenständen, z.B. eckig oder rechteckig. Nun suchen sich alle Kinder einen eckigen/rechteckigen Gegenstand und tasten ihn ab – fassen ihn an. Weitere Möglichkeiten: *rund, glatt, rau, gewölbt* usw.
- **Kreis in Bewegung**: Mehrere Kinder bilden einen Kreis mit Handfassung und bewegen sich langsam im Uhrzeigersinn vorwärts. Anschließend gegen den Uhrzeigersinn bewegen.
- **Kreis legen und nachgehen**: Zu zweit – jedes Kind hat ein Sprungseil. Kind A legt mit zwei Seilen eine Form auf den Boden, z.B. einen Kreis, Partner B geht diesen Kreis außen herum nach. Anschließend Rollentausch.
- **Kreis aufzeichnen**: Einen Kreis von 6 m Durchmesser auf dem Schulhof mit Kreide aufzeichnen. Das Bandmaß wird auf 3 m ausgerollt. Ein Schüler stellt sich mit dem Bandmaß in der Mitte des Schulhofs auf und hält es bei der Zahl 3 auf den Boden. Der Partner hält den Anfang des Bandmaßes mit einem Stück Kreide in der Hand. Er bückt sich und zieht nun mit straffem Maßband einen Kreis um den Schüler in der Mitte. Darauf achten; dass das Bandmaß immer straff gespannt ist. So entsteht ein Kreis von 6 m Durchmesser. Danach den Kreis am Außenrand mit Schritten abgehen – wieviel Schritte werden benötigt?

  Variation: Wieviel Schritte werden für das Durchschreiten des Kreises benötigt?
- **Quadrat darstellen**: Vier Schüler messen ein Quadrat mit einer Seitenlänge von 5 m aus und markieren die Ecken durch Pylone. Anschließend die Diagonale ausmessen.

  Variation: Ein Rechteck mit den Maßen Länge 6 m und Breite 3 m ausmessen. Auch hier die Diagonale ermitteln.

  Variation: Wie viele Fußlängen benötigt man für eine Seitenlänge, wenn man Fuß an Fuß setzt?

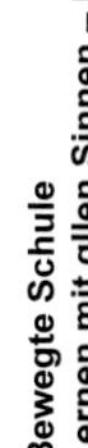

8 Bewegtes Lernen: bewegter/handlungsorientierter Unterricht

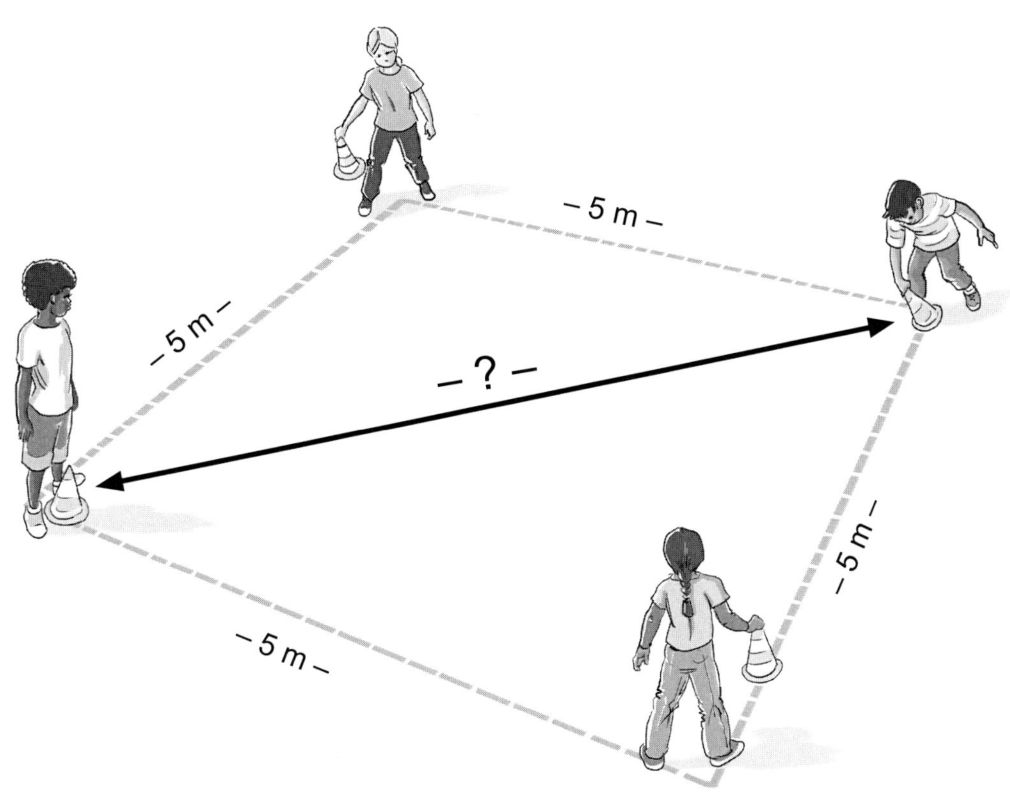

- **Messen von Entfernungen**: Den Schulhof mit dem Maßband ausmessen. Wie lang ist der Schulhof, wie breit ist der Schulhof, welche Form hat der Schulhof? Dabei eine Seitenlänge mit normalen Schritten abgehen.

- **Winkel bilden**: Unter- und Oberarm bilden durch Beugen des Ellenbogengelenks einen rechten Winkel. Anschließend einen stumpfen Winkel bilden (größer als 90°, aber kleiner als 180°).

  Variation: Verschiedene Winkel durch das Verändern des Ellenbogengelenks bilden und den Winkel benennen.

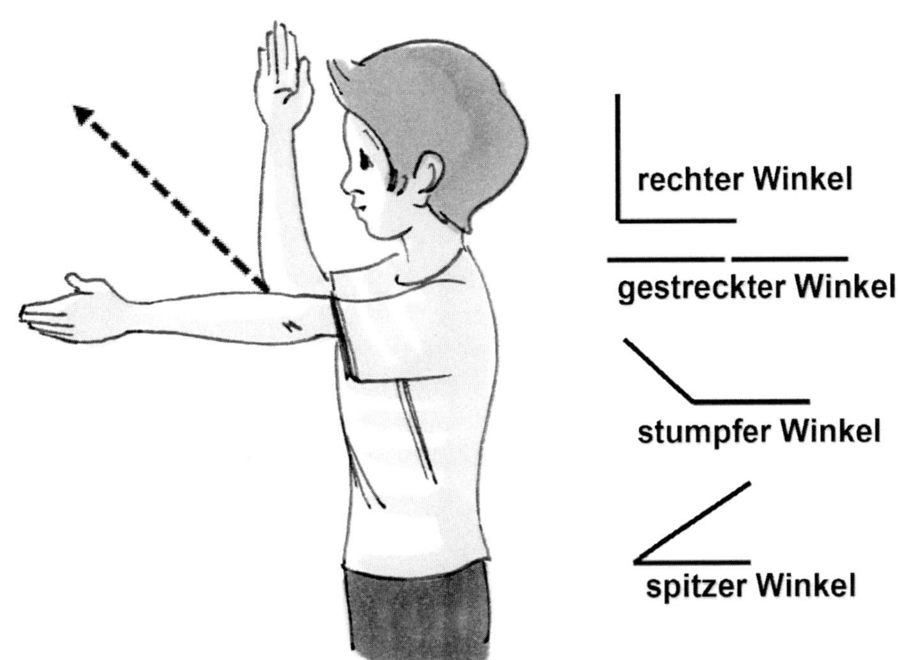

8 Bewegtes Lernen: bewegter/handlungsorientierter Unterricht

- **Gewicht spüren**: Man kann nur wissen (schätzen), wie schwer die Schultasche ist, wenn man die Schultasche selbst angehoben und auf das Pult gesetzt hat, also selbst das Gewicht körperlich gespürt hat. Anschließend eine Schätzung abgeben und die Schultasche auf einer Waage nachwiegen lassen. Wie groß ist die Differenz?

  Variation: Einen Stuhl auf das Pult stellen und Gewicht schätzen.

- Sich mit beiden Händen an eine Stange (an einen Ast oder an die Sprossenwand) in Reichhöhe hängen. Wie lange kannst du dich mit deinen Händen halten? Wie viel Kilogramm wiege ich, muss ich halten?

- **Zeit erleben/schätzen**: Wie lange braucht man, um vom Klassenraum zu einem markanten Punkt des Schulhofs zu gehen, z.B. zur Schaukelanlage – 20 Sekunden, 30 Sekunden oder länger? Wie viele Schritte benötigst du dafür?

- **Einbeinstand**: Kannst du 30 Sekunden auf einem Bein stehen?

- **Abstände und Tempo abschätzen und einhalten**: Die Kinder gehen oder laufen hintereinander und sollen bei gleichbleibendem Tempo immer den gleichen Abstand (ca. 2 m) zum Vordermann einhalten.

- **Abstände einhalten**: Mit dem Roller und/oder Fahrrad hintereinander fahren und die gleichen Abstände von ca. 2-3 m einhalten.

Hunderterfeld auf dem Schulhof

- Auf dem asphaltierten Bereich des Schulhofs wird mit Straßenfarbe ein Hunderterfeld dauerhaft aufgezeichnet (Quadrate von ca. 30-40 cm). Die ganze Klasse verteilt sich um das Hunderterfeld.

  Die Lehrkraft stellt z.B. folgende Aufgaben:

  - *„Leo gehe auf die **46**“, „Tina gehe auf die **85**“* …
  - *„Sven gehe auf die **4** und hüpfe dann auf die **14**“* …
  - *„**13 + 17**! Murad gehe bitte auf das entsprechende Ergebnis!“* (Gemeint ist die 30.)
  - *„**86 – 24**! Philipp gehe bitte auf das entsprechende Ergebnis!“* (Gemeint ist die 62.)
  - 10 Kinder stellen sich auf die Quadrate von 1-10 und hüpfen anschließend von 1 auf 11, von 2 auf 12, 3 auf 13, 4 auf 14 usw.
  - Kleine Rechenaufgaben vorgeben, z.B. „Klaus stelle dich bitte auf die **6**.“ Nun kommt die Aufgabe: „**6 + 9**“, d.h. er muss auf die 15 hüpfen, „**15 + 11**“, nun muss er auf die 26 hüpfen usw.

8 Bewegtes Lernen: bewegter/handlungsorientierter Unterricht

1	2	3	4	5	6	7	8	9	10
11	12	13	14	15	16	17	18	19	20
21	22	23	24	25	26	27	28	29	30
31	32	33	34	35	36	37	38	39	40
41	42	43	44	45	46	47	48	49	50
51	52	53	54	55	56	57	58	59	60
61	62	63	64	65	66	67	68	69	70
71	72	73	74	75	76	77	78	79	80
81	82	83	84	85	86	87	88	89	90
91	92	93	94	95	96	97	98	99	100

Treppenhaus/Stufen und Schulhof nutzen

- Die einzelnen Stufen des Treppenhauses aufsteigend mit entweder mit rutschfester Farbe aufmalen oder oder auf/neben den Stufen Zahlenkarten aufkleben
- Die Stufen ganz normal hochgehen und dabei die jeweiligen Zahlen sprechen: „1 → 2 → 3 → 4“ usw.
- Anschließend wieder runter gehen und rückwärts zählen: „10 → 9 → 8 → 7 → 6“ usw.
- Nur jede zweite Stufe betreten und sprechen: „1 → 3 → 5 → 7“ usw.
- Beim Hochgehen die Summe der mit Zahlen belegten Stufen errechnen, z.B. bei 8 Stufen = 1+2+3+4+5+6+7+8 = Summe 36.
- Mit der zweiten Stufe beginnen, dann eine zurückgehen, dann wieder eine überspringen, eine zurück usw.: Gesprochen wird „2 – 1 – 3 – 2 – 4 – 3 – 5“ usw.

Bewegte Schule
Lernen mit allen Sinnen – Bestell-Nr. 12 427
KOHL VERLAG

8

Bewegtes Lernen: bewegter/handlungsorientierter Unterricht

Biologie/Sachunterricht

Themen oder Aufgaben im Sach-, Erdkunde- oder Biologieunterricht mit Bewegung zu verknüpfen, erfordert mehr Arbeitseinsatz und Vorbereitung durch die Lehrkraft, weil Arbeitsblätter und/oder Pappkartonstreifen mit Namen, Skizzen oder Abbildungen versehen werden müssen. Einmal erstellt, können diese Arbeitsbögen aber jederzeit wieder eingesetzt und variiert werden. Die folgenden Beispiele sind Anregungen und zeigen einige Möglichkeiten auf.

- **Atmung und Puls**: Zunächst wird der Puls im Ruhezustand (im Sitz) am Handgelenk oder am Hals 15 Sekunden lang gezählt und dann die Anzahl mal 4 genommen. (z.B. 21 • 4 = 84). Anschließend führt man 20 Sekunden lang Schlusssprünge am Stuhl, einen Rundlauf auf dem Schulhof oder einen Treppenlauf aus. Jetzt wird die nun höhere Pulsfrequenz intensiv im Körper gespürt, wieder wie vorher gezählt und berechnet. (z.B. 35 • 4 = 140). Wie lange dauert es, bis der Puls wieder den alten Normalwert erreicht hat?

- **Atemzüge**: Wie viele Atemzüge führt man in einer Minute in Ruhe aus? Wie viele Atemzüge führt man in einer Minute nach einer Belastung – z.B. 20 Sekunden Schlusssprünge – aus?

- **Arm-, Brust- und Schultermuskulatur:** Die Muskulatur durch Liegestütze erspüren und die Veränderungen während der Übung wahrnehmen.

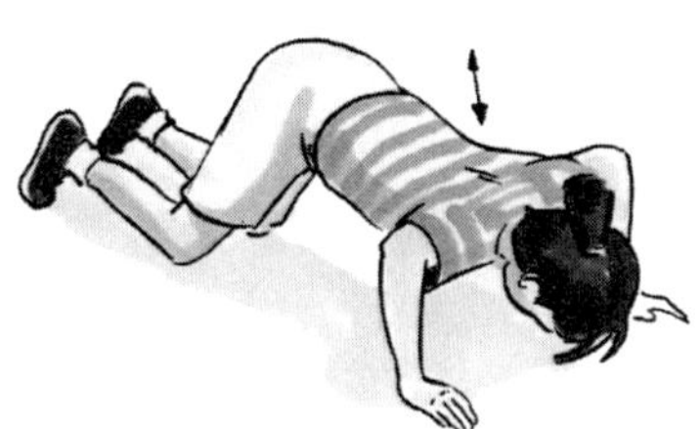

Variation: Einen Arm beugen und den Armbeuger (Bizeps) fest anspannen, sodass man ihn sehen kann, einen Moment so belassen, dann loslassen und entspannen.

- **Beinmuskulatur**: Mit beiden Händen die Hände des Partners fassen – langsame Kniebeugen, bis die Oberschenkel fast die Waagerechte erreicht haben. In dieser Position etwas bleiben und die Anspannung der Oberschenkelmuskulatur spüren. Danach langsam wieder in die Ausgangsstellung zurückkommen und nachspüren.

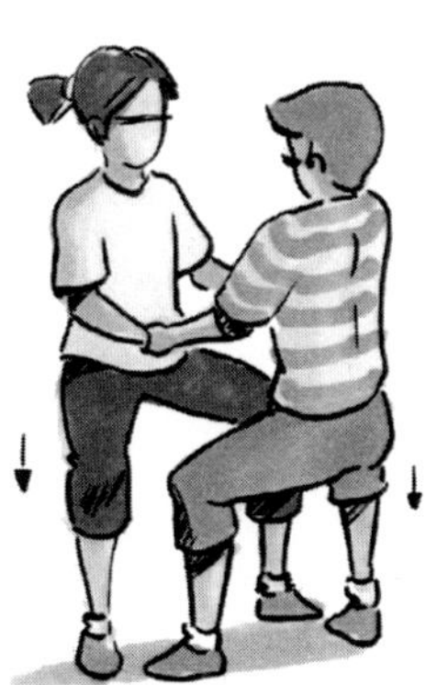

- **Laub- und Nadelbäume**: Bei einem Laubbaum – wie Ahorn, Kastanie, Eiche – müssen die Schüler mit den Armen über Kopf die Krone des Laubbaumes anzeigen, bei einem Nadelbaum – wie Tanne, Fichte, Lärche – werden die Arme seitlich schräg vom Körper gespreizt.

Bewegte Schule
Lernen mit allen Sinnen – Bestell-Nr. 12 427

8 Bewegtes Lernen: bewegter/handlungsorientierter Unterricht

- **Zeichnung**: Alle Kinder stehen im Stehkreis. Ein Kind steht gut sichtbar in der Mitte und malt mit dem Finger in der Luft eine möglichst große nicht sichtbare Zeichnung, z.B. einen Baum oder ein Tier. Wer die Zeichnung als erstes errät, darf als Nächster malen. Damit sich möglichst viele Schüler äußern können, darf jeder zunächst nur eine Antwort geben.
- **Thema Wirbeltierklassen**: Die Lehrkraft legt 15 Karten mit unterschiedlichen Beschriftungen in den Fensterbänken aus. Die Schüler nehmen sich eine Karte und finden sich geordnet zu Gruppen von je drei Schülern zusammen und bilden alle einen großen Stehkreis. Anschließend äußert sich jedes Mitglied der Gruppe zu seinem Begriff.

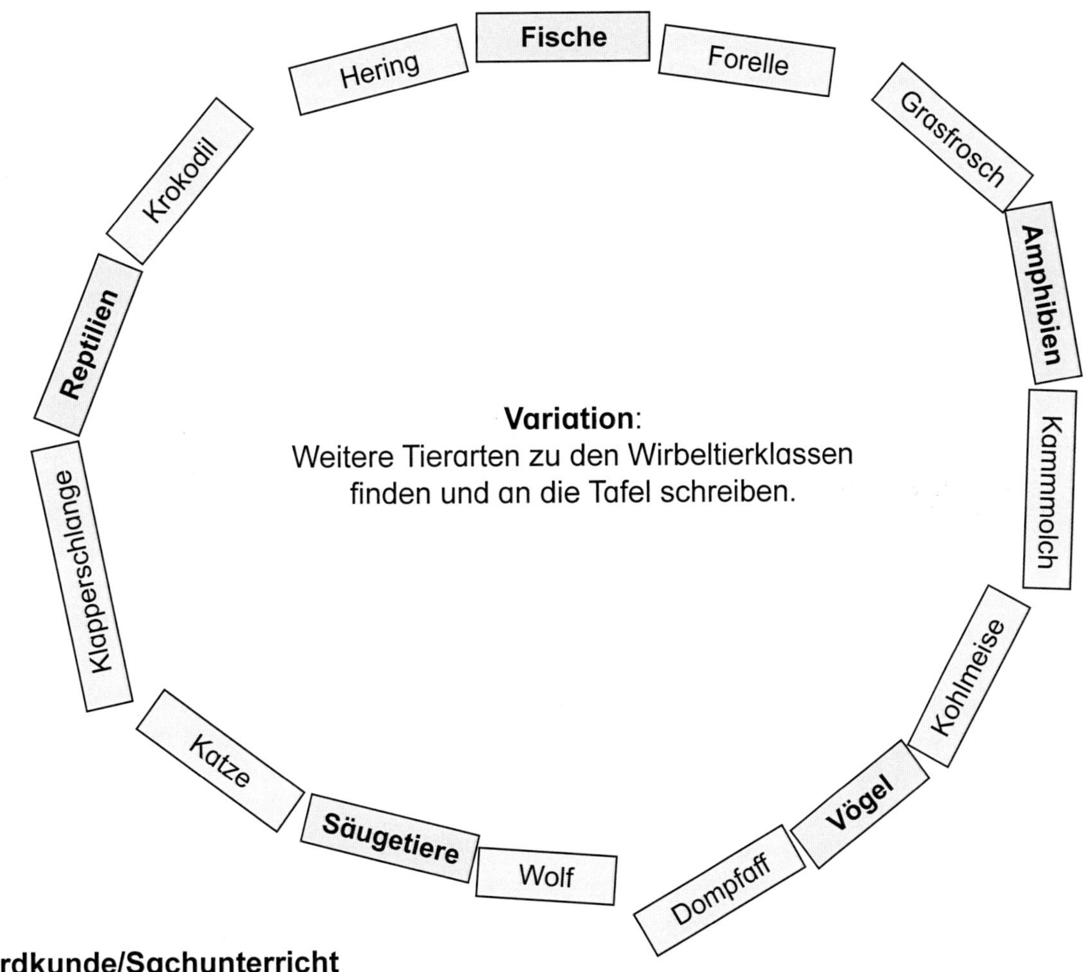

Variation:
Weitere Tierarten zu den Wirbeltierklassen finden und an die Tafel schreiben.

Erdkunde/Sachunterricht

- **Bundesländer und Hauptstädte:** Es werden insgesamt 32 Karten beschriftet, eine Hälfte mit den 16 Bundesländern, die andere Hälfte mit deren 16 Hauptstädten. Jeder Schüler erhält eine Karte. Bei 26 Kindern werden also 13 Länderkarten und 13 passende Städtekarten ausgegeben. Die Schüler gehen durch den Klassenraum und versuchen, immer Bundesland und die jeweilige Hauptstadt zusammenzuführen. Wenn das gelungen ist, bleiben beide Kinder am Ort stehen. Anschließend werden Land und Stadt auf der großen Landkarte gezeigt.

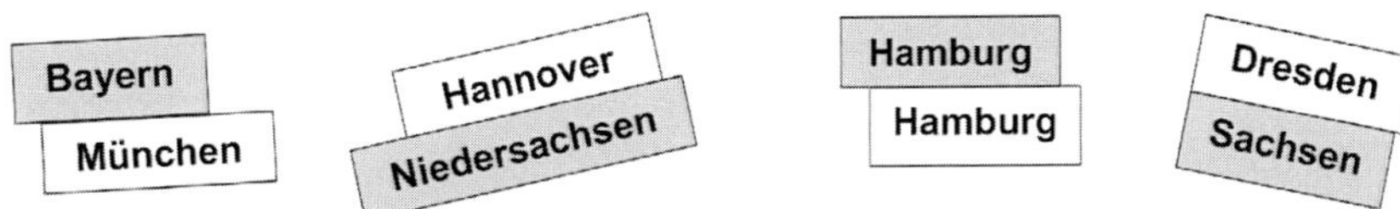

Variation: Nach Bundesländern alphabetisch ordnen, die Kinder stellen sich entsprechend nebeneinander auf.

Variation: Nach Hauptstädten alphabetisch ordnen, die Kinder stellen sich entsprechend nebeneinander auf.

8 Bewegtes Lernen: bewegter/handlungsorientierter Unterricht

► **Tiere benennen und zuordnen**: Je nach Anzahl der Schüler werden Karten aus Pappe/Karton entweder mit einem Land, einem Tiernamen oder einem Tierbild versehen. Die Lehrkraft legt die Karten an verschiedenen Stellen verkehrt herum aus. Die Schüler stehen auf und nehmen sich eine Karte. Die Aufgabe ist jetzt, sich zunächst zu passenden Dreiergruppen zusammen zu finden. Anschließend werden im großen Stehkreis jeweils Name des Tieres, dessen Lebensraum und evtl. Besonderheiten genannt. Ergänzend kann der Kontinent/das Land auf der großen Landkarte gezeigt werden.

► **Kontinente**: Erdteile/Kontinente zuordnen. Der Äquator wird durch ein Seil oder besser durch einen Klebestreifen auf dem Boden markiert. Einige Schüler stellen die Kontinente dar und veranschaulichen durch ihre Position die Erdteile Europa, Afrika, Nordamerika, Südamerika, Asien, Australien und Antarktis – sie stellen sich entsprechend auf. Auch die Ozeane Atlantik, Pazifik und Indik können so dargestellt werden.

► **Bundesländer**: Einige Schüler sollen sich so zueinander anordnen, dass ihre Position ungefähr der Lage der Bundesländer zueinander entspricht. Auf Anforderung sagen sie dann den Namen *ihres Landes*. Andere Schüler können ergänzend die Nachbarländer von Deutschland darstellen.

Variation: Es wird ein Bundesland genannt und durch einen Schüler mittig dargestellt, z.B. Hessen. Die Lehrkraft fordert die Schüler auf, die sechs Nachbarbundesländer von Hessen (Niedersachsen im Norden, Thüringen im Osten, Bayern im Südosten, Baden-Württemberg im Südwesten, Rheinland-Pfalz im Westen, Nordrhein-Westfalen im Nordwesten) zu nennen und sich entsprechend neben dem Schüler für Hessen zu positionieren.

Bewegte Schule
Lernen mit allen Sinnen – Bestell-Nr. 12 427

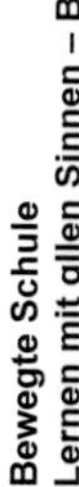

8 Bewegtes Lernen: bewegter/handlungsorientierter Unterricht

► **Nachbarländer**: Jeder Schüler hat eine Pappe mit dem Namen eines anderen Nachbarlandes in der Hand. Ein Schüler steht in der Mitte und stellt Deutschland dar. Die anderen Schüler sollen sich jetzt so um diesen herum aufstellen, dass ihre Position so wie in der Zeichnung unten in etwa der Lage der Nachbarländer zu Deutschland entspricht.

► **Skizze Bundesländer**: Je nach Anzahl der Schüler werden Karten umgekehrt ausgelegt. Manche davon haben Skizzen von Bundesländern, andere tragen deren Namen, die restlichen die Namen der Hauptstädte. Jeder Schüler nimmt sich eine Karte und versucht in Absprache mit den anderen Schülern sich der entsprechenden Gruppe zuzuordnen. Anschließend zeigen die Schüler aus jeder Gruppe das jeweilige Bundesland und die Hauptstadt an der großen Landkarte.

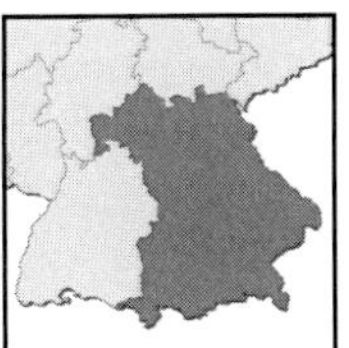

Mainz

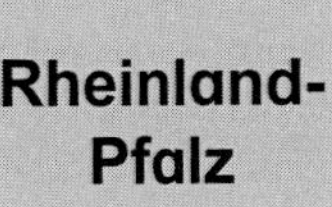

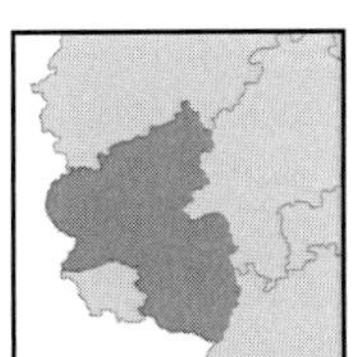

Hannover

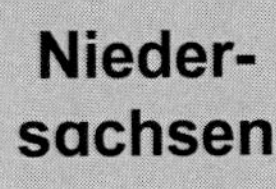

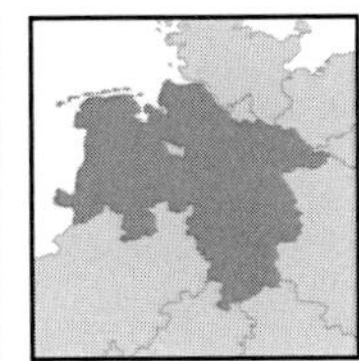

8 Bewegtes Lernen: bewegter/handlungsorientierter Unterricht

► **Flüsse**: Die Lehrkraft legt umgedreht 12-18 Karten mit den Namen von Flüssen und ihren Mündungsgebieten aus. Die Schüler stehen auf und nehmen sich eine Karte. Nun sollen sie sich zu passenden Dreier-Gruppen zusammenfinden und dann hintereinander so aufstellen und die Hände auf die Schultern des *Vordermannes* legen, dass die wirkliche Fließrichtung des Wassers erkennbar ist. Über die Arme der Schüler wird sozusagen das Wasser von hinten nach vorne weitergereicht. Anschließend zeigt jeder Schüler aus der Gruppe *seinen Fluss bzw. sein Mündungsgebiet* an der großen Landkarte.

Variation: Zusätzlich werden Karten mit Verläufen der Flüsse ausgelegt. Die Schüler mit den dazu passenden Karten ordnen sich der jeweiligen Gruppe zu und zeigen später den Flussverlauf an der großen Landkarte.

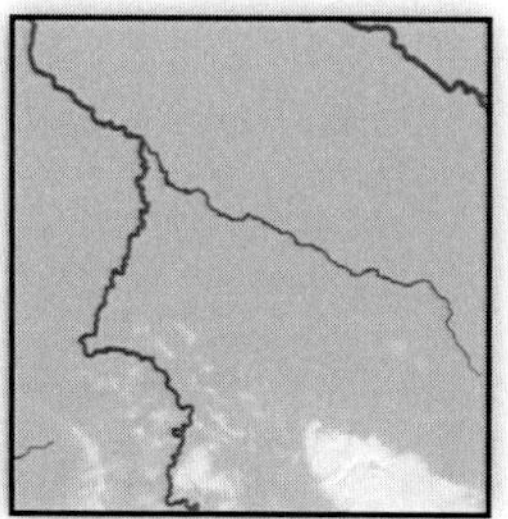

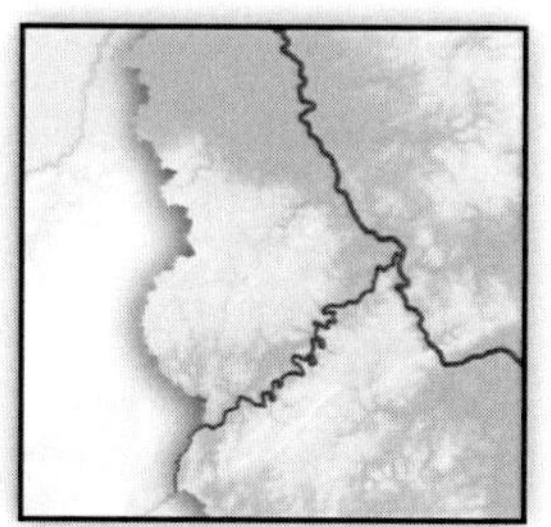

Literaturhinweise

→ G. Brägger/H. Hundeloh/N. Posse/H. Städtler, *Bewegung und Lernen*, Beltz Verlag 2017.

→ C.Hannaford, *Bewegung das Tor zum Lernen*, Kirchzarten bei Freiburg: VAK Verlags GmbH 2008.

→ F. Klimt, *Die Gestaltung der Schulpause aus sozialpädiatrischer Sicht*, in: Sozialpädiatrie 3, S. 82-87.

→ R. Lütgeharm, *Fit und kreativ durch Bewegung*, Kerpen: Kohl Verlag 2009.

→ R. Lütgeharm, *Kleine Schritte, große Sprünge! Schulfähigkeit (weiter)entwickeln*, Kerpen: Kohl-Verlag 2013.

→ R. Lütgeharm, *Hilfe, auffällige Kinder! Das kann man tun!*, Kerpen: Kohl-Verlag 2013.

→ R. Lütgeharm, *Die bewegte Schule – Unterricht in Bewegung*, München: Domino Verlag 2010.

→ C. Müller, *Bewegte Grundschule – Aspekte einer Didaktik der Bewegungserziehung als umfassende Aufgabe der Grundschule*, Sankt Augustin: 1999.

→ U. Pühse,/U. Illi, *Bewegung und Sport im Lebensraum Schule*, Schorndorf: Verlag Karl Hofmann 1999.

→ J. J. Ratey/E. Hagerman, *Superfaktor Bewegung*, Kirchzarten bei Freiburg: VAK Verlags GmbH 2009.

→ Unfallkasse Rheinland-Pfalz/Ministerium für Bildung, Wissenschaft, Jugend und Kultur/Bundesarbeitsgemeinschaft für Haltungs- und Bewegungsförderung e.V., *Bewegte Kinder – Schlaue Köpfe*, März 2004.

→ R. Zimmer, *Schafft die Stühle ab*, Freiburg im Breisgau: Verlag Herder 1995.

Lernen mit Erfolg
KOHL VERLAG
www.kohlverlag.de